Ulrich Alvoni

Schnellkurs Bibel

Ulrich Alvoni

Schnellkurs Bibel

Das Buch der Bücher

Eine Einführung in 32 Schritten

Band 1

Verlag
Katholisches Bibelwerk

Die Deutsche Bibliothek – CIP-Einheitsaufnahme

Ein Titeldatensatz für diese Publikation ist bei
der Deutschen Bibliothek erhältlich

ISBN 3-460-33310-3

Karikaturen auf den Seiten 25, 31, 37, 51, 66, 71, 85, 93, 99:
Sieger Köder, Ellwangen; © Verlag Katholisches Bibelwerk GmbH, Stuttgart
Umschlaggestaltung: Finken & Bumiller, Stuttgart
Satz: Rund ums Buch – Rudi Kern, Kirchheim/ Teck
Druck: W. Röck Druck + Medien, Weinsberg

Inhaltsverzeichnis

Vorwort 7
Herzlich willkommen 9
Was die Bibel und ein Urlaubsvideo gemeinsam haben 12

1. Die Bibel als Buch 19
2. Die Bibel – (k)ein Buch? 21
3. Von Kapiteln, Versen und Überschriften 23
4. Gesprochen und geschrieben – die Traditionsgeschichte 26
5. Geschriebenes und Übersetztes 28
6. *Biblische Redensarten Lk* 16,22 32
7. Die jüdische Bibel 34
8. Das Alte Testament 38
9. Spurensuche 40
10. *Biblische Redensarten Spr.* 16,18 44
11. Der Pentateuch 46
12. Prophet – ein unbeliebter Beruf? 49
13. *Biblische Redensarten Ez* 13,4-6 52
14. Gedeutete Geschichte 54
15. Die Psalmen – nur ein Buch? 56
16. *Biblische Redensarten Psalm* 69,2; 30-37 58
17. Weisheit im Alten Testament 61
18. Von der e-Mail zum biblischen Brief 64
19. Briefe in der Bibel 67
20. Der antike Brief 69
21. Paulusbriefe und ihre Reihenfolge 72
22. Katholische Briefe – nur für Katholiken? 75
23. Die Evangelien 78
24. Markus & Co KG 80
25. Johannes-Evangelium 84
26. Apostelgeschichte 86

27. Offenbarung – ein Buch fällt aus dem Rahmen 89
28. *Biblische Redensarten* Mt 25,15 92
29. Die beiden Testamente in der Bibel 94
30. Die beiden Testamente: eine Bibel 96
31. Altes Testament? 98
32. Bibel geistlich lesen 100

Verzeichnis der Abkürzungen der biblischen Bücher 102
Zeittafel 104
Literaturverzeichnis 108
Register 109

Vorwort

Suchen. Und finden. Unter diesem Motto steht das Jahr 2003, das Jahr der Bibel, welches gemeinsam von den christlichen Kirchen initiiert wurde. Wer etwas finden will, muss wissen, was er sucht. Wer sich aber mit der Bibel aus Interesse beschäftigen will, steht immer in der Gefahr, sich in und wegen einer Vielzahl von Einzelinformationen heillos zu verwirren und zu verirren. Über jedes Buch der Bibel sind ungezählte Fachartikel und Bücher weltweit erschienen, die zwar jeder/jedes für sich genommen wertvolle Einzelinformationen zum Verständnis der Bibel beigetragen haben, aber sie setzen bei den Leser/innen immer auch eine Menge an Wissen voraus, so dass sie Interessierten letztlich verschlossen bleiben müssen.
Dieser Schnellkurs Bibel ist als Findungshilfe, als erste Orientierung gedacht. Es ist zwar unmöglich, ein „voraussetzungsloses" Buch zu verfassen, aber hier wurde der Versuch unternommen, keine übergroßen Wissenshürden aufzubauen, die einen Einstieg erschweren oder gar unmöglich machen.
Schnellkurs, dies ist kein Tribut an die *Instant-Generation*, die alles schnell und oberflächlich konsumieren will, sondern es ist der Versuch, sich einem überwältigend umfangreichen Werk in kleinen behutsamen Schritten zu nähern. Dieser erste Band „Schnellkurs Bibel" soll eine Landkarte in sehr großem Maßstab sein, die eine erste Orientierung ermöglicht. Von dort aus wird es dann in den Folgebänden möglich sein, an einzelnen Stellen immer mehr in die Tiefe zu gehen.
Der Titel dieses ersten Bandes „Das Buch der Bücher" ist den Leserinnen und Lesern geläufig, aber – wie es dann in der zweiten Einheit deutlich wird – irreführend. Bei der Bibel geht es nicht – wie man häufig auch unter Kundigen sagt – um *das* Buch der Bücher, sondern um *die* Bücher, oder wenn man es unbedingt in der Einzahl haben will, um die *Büchersammlung* der Bücher. So zumindest, wenn man das Wort „Bibel" wörtlich in die deutsche Sprache übertragen will.
Im Anhang finden die Leser/innen ein kleines Literaturverzeichnis,

welches vor allem die Werke aufführt, die als Grundlage für die Arbeitseinheiten verwendet wurden. Weil im Buch weitestgehend auf Fußnoten verzichtet wurde, soll an dieser Stelle besonders auf die Werke von E. Zenger, B. Lang, H. Conzelmann und K.-W. Nieburg verwiesen werden. Sie wurden dankbar als Grundlage für die Arbeitseinheiten verwendet.

Rüsselsheim, den 9. Januar 2002 *Ulrich Alvoni*

Herzlich Willkommen,

zum Bibelkurs, zu *Ihrem* Bibelkurs! Bevor wir gemeinsam beginnen, ist es vielleicht sinnvoll, noch einige Hinweise zu geben – eine Art Gebrauchsanweisung. Denn dieser Bibelkurs unterscheidet sich in einigen wesentlichen Punkten von den Einführungen in die Bibel, die Sie vielleicht bisher kennen.

Ich weiß: Gebrauchsanweisungen zu lesen ist Ihnen wahrscheinlich schon bei dem neuen Videorecorder eine Mühe, die sie gerne umgehen würden. Aber keine Angst: Ich werde mich kurz fassen, und es wird auch ganz einfach zu verstehen sein – anders als bei den meisten Gebrauchsanleitungen, die man für technische Geräte erhält.

- Die Grundidee dieses Buches ist es, sich in kleinen Schritten, die vielleicht 5 bis 10 Minuten Zeitaufwand benötigen, der Bibel, ihren Schriften und Aussagen zu nähern. Wie lange dann ein solcher Schritt bei Ihnen dauert, hängt aber letztlich von Ihnen selbst ab. Vielleicht wollen Sie an einzelnen Punkten noch tiefer in die Materie einsteigen und beispielsweise verschiedene Bibelübersetzungen ausführlich miteinander vergleichen, vielleicht regt Sie aber auch ein Schritt dazu an, ein komplettes Kapitel in einem biblischen Buch zu lesen, um das Umfeld eines Textausschnittes zu verstehen, oder aber Sie gönnen sich die Zeit um zu meditieren. Dies alles ist möglich – wenn Sie wollen. Mein Versprechen ist: Es reichen pro Schritt durchschnittlich 10 Minuten aus.
- Sie können selbstverständlich den Kurs alleine bearbeiten. Er ist aber genauso geeignet für Gruppen. In diesem Fall bereitet immer einer/eine Teilnehmer/in einen Schritt vor und gibt zu Beginn der Arbeit die notwendigen Hintergrundinformationen. Die Gruppe arbeitet dann gemeinsam mit den vorgeschlagenen Materialien.
- Sie überlegen noch, mit welcher Gruppe man den Kurs durchführen kann? Wie wäre es zum Beispiel mit einem Pfarrgemeinderat oder einem Kirchenvorstand. Zu Beginn einer jeden Sitzung werden ca. 10 Minuten Zeit für die Bibelarbeit reserviert. So kann man während eines Jahres/während einer Legislaturperiode die Quellen des eige-

nen Glaubens besser kennen und verstehen lernen. Die Vorbereitung wird reihum von den einzelnen Mitgliedern übernommen.

- Der Kurs wurde so gestaltet, dass er auch für Schülerinnen und Schüler ab ca. der 7. Klasse geeignet ist. An manchen Stellen wird es vielleicht nötig sein, noch ausführlicher die Hintergrundinformationen zu besprechen, etwas mehr Zeit zur Auseinandersetzung zu geben. Aber auch hier gilt: Viele kleine Schritte führen zum Verständnis, was die Bibel ist und was sie für Christen bedeutet.
- Neben dem Kursbuch sollten Sie noch eine komplette Bibelausgabe[1], Schreibzeug und Papier zur Hand haben. Scheuen Sie sich nicht, in dieses Buch und in die Bibel Notizen zu machen, Textpassagen zu unterstreichen, am Rand mit Kommentaren zu versehen oder einfach nur spontane Gedanken, die Ihnen im Augenblick kommen, in die Bibel zu schreiben. Erst dadurch wird *Die Bibel* zu *Meiner Bibel.*
- An einigen Stellen werden Sie gebeten, die vorgegeben Texte mehrfach zu kopieren, damit Sie mit Farbstiften Gemeinsamkeiten und Unterschiede markieren können. Dazu sollten sie dann mindestens 6 verschiedenfarbige Buntstifte bereithalten.
- Normalerweise beginnt man auf der ersten Seite links oben ein Buch zu lesen. Schon bei einer Tageszeitung sind die Lesegewohnheiten sehr unterschiedlich: Einige nehmen sich zuerst den Sport- oder den Wirtschaftsteil, andere die Bunte Seite oder die Traueranzeigen vor. Jeder beginnt mit dem, was ihn besonders interessiert. So können Sie mit diesem Buch auch umgehen: Nehmen Sie das zuerst, was Sie besonders interessiert. Im Inhaltsverzeichnis können Sie erkennen, welche Themen in diesem Band behandelt werden und wie viele Schritte jeweils zusammengehören. Eine solche Einheit kann jeweils immer unabhängig von den übrigen bearbeitet werden.

---

1 Im Kurs werden verschiedene Übersetzungen verwendet. In erster Linie handelt es sich um die Einheitsübersetzung. Sollte eine andere Übersetzung verwendet werden, wird dies jeweils ausdrücklich angegeben. Neben der Einheitsübersetzung (Stuttgart 1980) ist auch die revidierte Luther-Übersetzung (Stuttgart 1984) zu empfehlen.

Allerdings sollten Sie nicht darauf verzichten, die folgende inhaltliche Einführung zu überfliegen. Wie in der Gebrauchsanleitung eines Videorecorders, in der auf der ersten Seite alle Bedienungselemente des Gerätes gezeigt werden, finden Sie dort die wichtigsten Grundinformationen, auf die später aufgebaut wird.

Und nun steht alles auf „Stand by", es liegt an Ihnen, wann Sie auf „Play" drücken.

Was die Bibel und ein Urlaubsvideo gemeinsam haben

Auf den ersten Blick mag es etwas ungewöhnlich erscheinen, die Bibel mit einem Urlaubsvideo zu vergleichen. Aber die beiden haben mehr Gemeinsamkeiten, als man auf den ersten Blick meinen möchte. Beide sind in erster Linie der Versuch, Erinnerungen festzuhalten. Sowohl die Bibel als auch das Video sind für einen selbst das materielle Archiv der gesammelten Erinnerungen. In ihm kann man immer wieder nachschauen oder nachschlagen, was passiert ist. Und wenn man mag, kann man dieses Archiv auch an andere weitergeben.

Urlaubserinnerungen

Es klingelt eines Abends im Spätsommer an Ihrer Tür, die Nachbarn stehen vor der Tür. Sie haben den Urlaub in Israel verbracht. Rundreise mit anschließendem einwöchigen Badeaufenthalt in der Bucht von Eilat. Und jetzt sind Sie natürlich neugierig, was die Nachbarn so alles erlebt haben.

Doch statt eines abendfüllenden persönlichen Berichts über die Reise, drückt Ihnen das Ehepaar – das wie immer nur sehr wenig Zeit hat – zwei Videokassetten mit den Worten in die Hand. *Wir haben unsere gesamte Reise aufgenommen. So könnt Ihr euch selbst am Besten einen Eindruck von Land, Leuten und unserer Reise machen. Wenn wir nächste Woche die Bänder zurück haben, dann ist es ok! Wir wollen dann den Film schneiden und mit Kommentaren und Musik unterlegen. Also einen schönen Abend.* So hatten Sie sich das eigentlich nicht vorgestellt. Aber vielleicht ist es sogar so besser, denn auf diese Weise kann man selbst bestimmen, wann und wieviel man sehen möchte. Die meist doch sehr ausufernden Erzählungen des Nachbarn, die nicht immer unterhaltsam sind, fallen weg. Und im Notfall kann man vorspulen – das kann man bei dem Live-Kommentar des Nachbarn nicht. Und außerdem: Der ungeschnittene Film lässt Sie quasi live erleben, was die Nachbarn auf der Reise erlebt haben. Aber ein solch ungeschnittenes Video, bei dem noch niemand eine Vorauswahl getroffen hat, kann auch Nachteile mit sich bringen: Man muss alles ansehen, um unter manch Unwichtigem auch das Wichtige und Interessante herauszufinden. Nicht alles ist aus sich heraus verständlich – zu manchen Bildern fehlen Erklärungen und Kommentare, damit man sie richtig verstehen kann. Und an manchen Stellen wäre es wichtig zu wissen, was davor und danach passiert ist. Erschwerend käme hinzu, wenn vielleicht gerade in dem Augenblick, in dem etwas Wichtiges passiert ist, keine Kamera lief, so dass ein wichtiger Zusammenhang fehlt.

Die Alternative wäre ein geschnittenes und kommentiertes Urlaubsvideo. Hier machen sich die Videofilmer die Mühe, das Wichtigste, Lustigste oder Spannendste auszuwählen, es in eine dramaturgische Reihenfolge zu bringen, die Szenen mit Musik zu hinterlegen, zu erklären, zu kommentieren und auch zu deuten. Meist wird bei einer solchen Bearbeitung das Video kürzer, aber gleichzeitig für die Zuschauer auch leichter verdaulich. Beim Zusammenstellen hat man die Möglichkeit, verschiedene Konzepte dem Film zugrunde zu legen: Tagebuchähnlich werden für jeden Tag 5-6 Minuten lang die wichtigsten Eindrücke hintereinander gestellt, oder es wird eine Geschichte erzählt, oder ...

Beim Betrachten der Urlaubserinnerungen ist jedem Zuseher, jeder Zuseherin dies immer auch klar.

Glaubenserinnerungen

Die Bibel ist ein Archiv der Erinnerungen an den Glauben. Im Laufe der ersten Jahrhunderte nach Christi Geburt wurde der zweite Teil, das Neue Testament, als Sammlung von Überlieferungen von den ersten Christen zusammengestellt. Es reichte die bisherige mündliche Überlieferung, die von Gemeinde zu Gemeinde, von Generation zu Generation weitergegeben wurde, nicht mehr aus, weil sich einerseits die Gemeinden sehr schnell im ganzen römischen Reich verbreiteten, und zum anderen man die mündliche Überlieferung festhalten wollte, um sie für nachfolgende Generationen zu sichern. Die heutige Trennung in Altes Testament und Neues Testament bestand für die ersten Christen nicht. Für sie waren die jüdischen Schriften, insbesondere die Tora, *die* Heilige Schrift, auf die sich Jesus bezog. Ihre eigenen Schriften waren in den ersten Jahren vor allem liturgische Dokumente und Briefe. Erst im Laufe der Zeit kamen Berichte über das Leben und Wirken Jesu und deren theologische Deutung hinzu.

Mittelpunkt aller Dokumente der ersten Christen ist die Verkündigung und das Leben Jesu von Nazaret. Zur Zeit der Herrschaft des König Herodes geboren, führte er das Leben eines frommen Juden und arbeitete als Zimmermann in der Werkstatt seines Vaters Josef in Nazaret. Die letzten 2 bis 3 Lebensjahre zog er, nachdem er sich im Jordan hatte taufen lassen, durch das Land, scharte Jünger um sich, verkündete durch seine Predigten und seine zeichenhaften Handlungen die anbrechende Gottesherrschaft, das Reich Gottes. Niedergeschrieben hat er selbst nichts. Von den religiösen Führern der Juden der Gotteslästerung angeklagt, wird er von der römischen Besatzungsmacht als politischer Aufrührer zur Todesstrafe am Kreuz verurteilt und hingerichtet.

Jesus hat gelebt, gehandelt, gelehrt und ist qualvoll gestorben. Dieses Lebensbild wurde – in der Tradition der Zeit – von den Jüngern mündlich weitergegeben. Dies war der übliche Kommunikationsweg in dieser Zeit. Die persönliche Weitergabe von Mensch zu Mensch, von Gemeinde zu Gemeinde war die Form, wie in der Kultur, aus der Jesus stammte, Informationen, Nachrichten, aber auch Geschichten zuverlässig über Generationen hinweg überliefert wurden.

Erst ungefähr 30 Jahre nach seinem Tod begannen die Christen, die sich nach dem Osterereignis um die Jünger scharten und so erste Gemeinden bildeten, mit der schriftlichen Abfassung von Texten. Im Mittelpunkt standen die *Verkündigung* der Botschaft – in der ersten Phase nur an die Juden, später auch an die Heiden –, die Feier der *Liturgie* und die *Lehre*.

Zu Beginn wurden nur kleine Abschnitte schriftlich fixiert. Hierbei handelt es sich in erster Linie um Texte, die in der Liturgie verwendet wurden. Dazu kommen noch Briefe an die Gemeinden, die die Apostel gegründet und besucht hatten, und mit denen sie in Kontakt bleiben wollten.

Erst wesentlich später wurden die synoptischen Evangelien, die die Person Jesu, seine Lehre und sein Handeln in einer Art geschichtlicher Darstellung beschreiben, verfasst. Dabei greifen die Verfasser auf bereits bestehende Sammlungen von Texten zurück, die sie in ihr Gesamtwerk einbauen. Aber erst zum Ende des 4. Jahrhunderts ist ungefähr entschieden, welcher Kanon an Texten als anerkanntes Glaubenszeugnis angesehen wird.

Auch wenn man die Entstehung der Bibel kennt, auch dann, wenn man in erster Linie eine moderne Übersetzung, die sich vor allem einer verständlichen Sprache verpflichtet weiß, benutzt, auch dann gibt es immer noch drei große Probleme, warum die Bibel „nicht einfach" zu verstehen ist.

Wenn das Urlaubsvideo aus einem fernen Land stammt, in dem andere Sitten und Gebräuche herrschen, dann braucht es einiger Erklärungen, damit man das verstehen, mindestens aber erahnen kann, was auf dem Bildschirm zu sehen ist. Das Video zeigt eine uns fremde Kultur, fremde Lebensformen, die sich nicht auf den ersten Blick erschließen. Diese *kulturgeschichtliche Differenz* besteht auch bei der Bibel. Nicht nur die fremde Kultur, sondern auch die zeitliche Differenz von annähernd 2000 Jahren schaffen eine Kluft zwischen den heutigen Lesern und Leserinnen und den damaligen Schreibern.

Darüber hinaus führt das Weltbild, das untrennbar mit den religiösen Vorstellungen aus der Entstehungszeit verknüpft ist, zu einer *weltanschaulichen Differenz*. Das jeweilige Menschen- und Weltbild und die Vorstellungen und fortschreitenden Erkenntnisse von Vorgängen in der Natur prägten und prägen sowohl die Verfasser vor ca. 2000 Jahren als auch die heutigen Leserinnen und Leser der biblischen Texte. Sowohl der biblische Autor damals, wie auch der Leser heute gehen wie selbstverständlich von ihren eigenen Vorstellungen aus. Die biblischen Verfasser zitieren, nehmen Bezug, kritisieren und kommentieren vor dem eigenen weltanschaulichen Hintergrund. Die heutigen Leser werden so mit einem Dialog konfrontiert, der die Denkweise und das Wissen der zeitgenössischen Leserinnen und Leser voraussetzt, ihnen aber weltanschaulich fremd ist. Es ist fast so, als wenn bei einem Urlaubsvideo die „Darsteller" auf etwas Bezug nehmen, was nicht im Bildausschnitt zu sehen ist. Manchmal kann man aufgrund ihrer Reaktionsweisen erahnen, was dort gerade passiert sein muss, manchmal aber auch nicht.

Und schließlich besteht noch eine *sprachlich/literarische Differenz.* Die Texte der Bibel sind geprägt von Darstellungsformen, die vor beinahe 2000 Jahren aktuell waren und die jeder kannte und verstehen konnte. Vor allem in den Evangelien kommt eine Vielzahl von verschiedenen Textarten vor, deren Stilmittel teilweise erklärungsbedürftig sind. Ein Videofilmer, der sich der Bildsprache aus der Zeit der Anfänge des Stummfilms bedient, der übertrieben große, pathetische Gesten als Ausdruck eines Gefühls oder zur Illustration der kurzen Dialogtexte einsetzen würde, müsste sicher auch damit rechnen, dass die Zuseherinnen und Zuseher diese ohne Erklärungen wahrscheinlich falsch interpretieren würden.

Die Bibel trotzdem verstehen

Und trotzdem ist es möglich, die Bibel auch heute noch zu verstehen. Die dreifache Differenz ist ein Hindernis im Bibelverständnis, aber sie macht dieses nicht von vornherein unmöglich. Um die Bibel aber verstehen zu können, sind einige Voraussetzungen zu schaffen.

Die Bibel ist ein aus mehreren Teilen zusammengesetztes Ganzes. Es besteht eine Wechselbeziehung zwischen einem *Teil* und dem *Ganzen.* Die verschiedenen Teile beziehen sich aufeinander, und sie stehen in einem Verhältnis zum Ganzen. So wie in jedem Buch, in jeder Kommunikation, kann man einen einzelnen Satz nur dann verstehen, wenn man den (Text-) Zusammenhang kennt. Die einzelnen Teile und das Ganze erklären sich gegenseitig.

Ziel dieses Kurses ist es, die Bibel als Ganzes wie auch in ihren einzelnen Teilen zu verstehen. Das Herausbrechen von einzelnen Aussagen aus der Bibel und deren isolierte Deutung, ohne das Umfeld im Blick zu haben, verbieten sich deshalb.

Das Verstehen der Bibel bedeutet auch immer ein *geschichtliches Verstehen.* Die Sprache der Bibel, ihre Bilder, die Querverweise müssen für

die heutigen Leserinnen und Leser wieder in ihrem Entstehungszusammenhang gebracht werden. Die geschichtliche Deutung des Textes gibt einen Blick auf das Lebensgefühl der Zeit seiner Entstehung frei und eröffnet so die Möglichkeit, ihn richtig zu verstehen.
Darüber hinaus ist das Verstehen des Textes eine Leistung des Lesers und der Leserin. Sie bringen beim Lesen des Textes eigene Lebenserfahrungen ein, haben eine gewisse Vorerwartungen an den Text und tragen ein bestimmtes Vorverständnis an den Text heran. Die Weihnachtsgeschichte von Lukas z.B. hat man schon x-mal gehört, und genau so oft hat man sie interpretiert bekommen: im Kindergarten, in der Schule, und natürlich im Gottesdienst. Immer wieder wurde der Text gedeutet. Bei jedem neuen Lesen der lukanischen Weihnachtsgeschichte spielen diese Deutungen, oder Teile dieser Deutungen, eine nicht zu unterschätzende Rolle. Bei jedem erneuten Lesen wird aber die „alte" Interpretation des Lesers und der Leserin daraufhin überprüft, ob sie mit den aktuellen Lebenserfahrungen und dem augenblicklichen Wissensstand noch im Einklang steht oder ob die Textdeutung (teilweise) verändert werden muss.
Für die Kirchen, die sich auf die Botschaft Jesu Christi berufen, und für Christen ist es immer wieder notwendig, die eigenen Lesart der Bibel an der Bibel selbst zu überprüfen. Die Bibel begründet das Handeln der Gemeinschaft und der einzelnen Menschen. Sie ist die Quelle des Glaubens, die aber nie zeitneutral, sondern ausschließlich zeitbezogen verstanden werden kann.

1. Die Bibel als Buch

Vordenken

Wenn Menschen heute an die Bibel denken, dann denken sie in erster Linie an ein dickes, fast 2000 Seiten starkes Buch: mit oder ohne Bilder, preiswert oder aufwendig und teurer gestaltet. Im letzten Fall eher eine Wertanlage als ein Arbeits- oder Glaubensbuch.

Aber nicht nur äußerlich existieren eine Vielzahl von unterschiedlichen Bibeln: die Bibel ist das Buch, das in die meisten Sprachen und Dialekte übersetzt wurde; es gibt Aktualisierungsversuche, die die Bibel als Boulevardzeitung gestaltet haben; Ausgaben, die eine komplette Textsammlung oder nur ausgewählte Abschnitte bieten; und schließlich gibt es noch die „Andere Bibel", die jüdische und christliche apokryphe Texte enthält, die nicht in die „amtlich anerkannte" Bibel aufgenommen wurden.

Schon dies zeigt, dass der Eindruck, den eine modernen Bibel auf den ersten Blick vermittelt, trügerisch sein kann. Das ist für einen „Markenartikel" ungewöhnlich.

Material

Vergleichen Sie miteinander verschiedene Bibelausgaben. Wenn Sie in einer Gruppe arbeiten, können Sie die Arbeit auch aufteilen: Jeder/Jede bringt eine Bibelausgabe mit und berichtet über die verschiedenen Teile und den Umfang dieser Ausgabe. Für eine bessere Übersicht werden die Besonderheiten der verschiedenen Ausgaben in einer Tabelle nebeneinander geschrieben.

Bei dem Bibelvergleich soll es u. a. um folgende Fragen gehen:

- Wieviel Seiten Umfang hat die Bibelausgabe?
- Wieviel Einzelbücher enthält die Bibelausgabe?
- Aus welchem Jahr stammt die Ausgabe/die Übersetzung?
- Wenn es eine Einführung gibt: Welchen Anspruch haben die Übersetzer an ihren deutschen Text?
- Welche Bücher kommen in allen Ausgaben vor, welche nicht?

Nachdenken

- Offenkundig ist Bibel ein Zusammenstellung von verschiedenen Einzelbüchern. Die Bibel ist „weder vom Himmel" gefallen noch in einer relativ kurzen Zeitspanne in einem Redaktionsverfahren zusammengestellt worden. Die Entstehung der jüdischen, der katholischen und der protestantischen Bibel ist eine teilweise etwas unübersichtliche Geschichte. Dies gilt es bei der Bibellektüre immer wieder mitzubedenken.

2. Die Bibel – (k)ein Buch?

Vordenken

Die Bibel ist heute in der Regel als Gesamtausgabe in einem Buch erhältlich. Das ist handlich und praktisch. Die Unterteilung in eine Altes Testament und ein Neues Testament lässt auf den ersten Blick den Eindruck entstehen, dass es sich um zwei Bücher in einem Band handelt, die zu dem „Buch der Bücher" verschmolzen sind.

Material

„Doch das ist so. Das lateinische Biblia kommt selbst wieder vom griechischen ta biblia, *dem Plural von* to biblion, *„das Buch". Schon im 1. Makkabäerbuch ist die Rede von „den heiligen Büchern",* ta biblia ta hagia *(1 Makk 12,9). Will man* ta biblia *singularisch übersetzen, dann darf man nicht sagen: „das Buch", man muss sagen: „die Büchersammlung", „die Bücherei". Allein die Vorgeschichte des uns so geläufigen Wortes Bibel ist also in der Lage, die bei uns mit dem Wort wie von selbst verbundene Vorstellung von dem einen, von dem Buch der Lüge zu zeihen."*

(Lohfink, Norbert: Das Jüdische am Christentum, ²1989 Freiburg .Brsg. S. 17)

Hintergrund

Die Bibel in der uns heute vorliegenden Fassung ist im Laufe von ca. 1000 Jahren entstanden. Also nicht auf einmal oder in zwei Etappen, sondern über einen langen Zeitraum, an verschiedenen, teilweise weit voneinander entfernten Orten.

Aber nicht nur zeitlich und räumlich bedingt, sondern auch in der Form sind die Texte sehr unterschiedlich. Es finden sich in der Bibel Gesetzestexte, historische Schilderungen, prophetische Texte, theologische Traktate, Briefe, Lieder und Gedichte. Sie drehen sich zwar alle um das eine Thema, nämlich Gottes Wirken in der Welt und an den Menschen, aber die Art, wie sie dies tun, könnte unterschiedlicher nicht sein.

Und jedes Buch will und muss seiner eigenen Art entsprechend gelesen werden. Ein Gedicht als Gedicht, ein Gesetzestext als Text, der zu einer bestimmten Zeit, in einer bestimmten Situation das Handeln per Gesetz regulieren wollte, ein historischer Text als Deutung des geschichtlichen Geschehens, als Handeln Gottes in der Welt.

Nachdenken

- Inwiefern ist die Bezeichnung „Buch der Bücher" für die Bibel irreführend?
- Auf welche Weise würden Sie deutlich machen, dass „die Bibel" eine Büchersammlung, bestehend aus verschiedenen Buchgattungen, ist?

3. Von Kapiteln, Versen und Überschriften

Vordenken

Um heute eine Bibelstelle zu bezeichnen, wird in der Regel ein Kürzel, bestehend aus dem Bibelbuch, dem Kapitel und den Versen angegeben. Erst dadurch ist es möglich, auch in unterschiedlichen Bibelausgaben relativ rasch einzelne Stellen aufzufinden. Eine solche Unterteilung stellt in gewisser Weise ein Arbeitshilfsmittel dar.

Material

Ps 21, 7-8

7 *Du machst ihn zum Segen für immer;*
wenn du ihn anblickst, schenkst du ihm große Freude.
8 *Denn der König vertraut auf den Herrn,*
die Huld des Höchsten lässt ihn niemals wanken.

oder ist dies Ps 21, 7-8 ?

7 *Ich aber bin ein Wurm und kein Mensch,*
der Leute Spott, vom Volk verachtet.
8 *Alle, die mich sehen, verlachen mich,*
verziehen die Lippen, schütteln den Kopf.

Hintergrund

Die Einteilung der Bibel in ungefähr gleichlange Kapitel und die Durchnummerierung der Sätze in Verse taucht erstmals in Bibeldrucken des 16. Jahrhunderts auf. Durch eine solche Einteilung war es möglich, in theologischen Diskussionen an den Universitäten und Hochschulen sehr schnell Zitat-Stellen aufzufinden. Die heute übliche Einteilung entstand in mehreren Schritten: Stephan Langton (1150-1228, Theologieprofessor in Paris) gliederte um 1200 die Bibel in Kapitel; Isaak Nathan (Lebensdaten unbekannt, Rabbiner und Arzt) übernimmt zwischen 1438 und 1448 die Gliederung von Langton für seine Wortkonkordanz des Alten Testaments, verfeinert sie aber, indem er die Sätze durchnummeriert; Santes Pagnini (1470-1541, Dominikaner) übersetzt die Bibel ins Lateinische und übernimmt dabei die Einteilung in Kapitel und Verse (1528). Die Einteilung in Kapitel ist im 16. Jahrhundert allgemein üblich, während sich die Verszählung erst langsam durchsetzt.

Auch wenn heute eine Kapitel- und Verseinteilung in allen Bibelausgaben üblich ist, kann es doch zwischen den verschiedenen Ausgaben leichte Unterschiede geben. Dies trifft vor allem auf das Buch der Psalmen zu, das zwar in allen Bibelausgaben aus 150 durchnummerierten Psalmen besteht, aber bei den Nummern 9 und 10, bei 113 und bei 146 und 147 unterschiedlich zusammengefasst oder trennt. Wenn ein katholischer Priester und ein evangelischer Pastor im 19. Jahrhundert in ihren Bibelausgaben nachgeschaut hätten, wie der Psalm 21, Vers 7 und 8 heißt, hätten sie die beiden oben angegebenen Textstellen gefunden. Die katholische Bibelausgabe folgt bei der Zählung der lateinischen (Psalm 9 und 10 sind zwei Psalmen), die protestantische Bibel der hebräischen Zählweise (Psalm 9 und 10 sind ein Psalm), die sich u.a. an dieser Stelle um genau einen Psalm unterscheidet.

Die Einteilung in Kapitel kann gelegentlich zu Irritationen führen, weil sie inhaltlich zusammenhängende Teile in mehrere Kapitel trennt.

Die Überschriften, mit denen die Herausgeber oder Übersetzer der Bibeln ihre Ausgaben versehen, sind ebenso wie die Verse und Kapitel als Lese-Erleichterung zu verstehen. Diese Zwischenüberschriften haben eine zusammenfassende, deutende oder erklärende Funktion, die immer auch eine Interpretation des Textes darstellt, der man folgen kann, die aber auch immer wieder kritisch hinterfragt werden sollte. Denn solche Überschriften sind wie eine Brille, die zwar einzelne Aspekte deutlich hervorhebt, gleichzeitig aber anderes – manchmal ebenso Wichtiges – nicht deutlich werden lässt.

Nachdenken

- Vergleichen Sie in einer Ihnen vorliegenden Bibelausgabe jeweils die ersten 3 Verse der Psalmen 6, 7, 8, 9, 10 und 11 miteinander. In welchem Psalm finden Sie einen ‚untypischen' Psalm-Anfang?
- In alten Bibelübersetzungen werden die Psalmen 9 und 10 entsprechend der hebräischen Zählweise als ein Psalm aufgeführt. Welche formalen Gründe können dafür angeführt werden?
- Welche Konsequenzen ergeben sich für die Zählweise der Psalmen? Wie ist in Ihrer Bibelausgabe das Problem der unterschiedlichen Nummerierung gelöst?
- Können Sie erläutern, warum im 19. Jahrhundert ein evangelischer und ein katholischer Geistlicher, wenn sie Psalm 21 gelesen hätten, zwei ganz unterschiedliche Texte (siehe oben) gefunden hätten?

4. Gesprochen und geschrieben – die Traditionsgeschichte

Vordenken

Wir leben heute in einer ‚Informationsgesellschaft', in der Mitteilungen und Nachrichten ein wesentlicher Bestandteil des gesellschaftlichen Zusammenlebens und der Wirtschaft sind. Durch Telefon, Fax, TV und Internet ist es möglich, fast zeitgleich zu erfahren und zu erleben, was am entgegengesetzten Punkt der Erde passiert. Gut und vor allem schnell informiert zu sein, ist heute unabdingbar geworden.
Und trotz Internet hat die schriftliche Information nicht an Wert verloren, sondern im Gegenteil, sie hat vielleicht sogar an Bedeutung gewonnen. Aber die Art der schriftlichen Kommunikation hat sich geändert. Mit Zeichen [;-) bedeutet beispielsweise Augenzwinkern] und neuen Kürzeln ist eine neue Form der schriftlichen Kommunikation für Chat und e-Mail entstanden.

Material

Lk 1,1-4

*Schon viele haben es unternommen, einen Bericht über all das abzufassen, was
sich unter uns ereignet und erfüllt hat. 2Dabei hielten sie sich an die Überlieferung
derer, die von Anfang an Augenzeugen und Diener des Wortes waren. 3Nun habe
auch ich mich entschlossen, allem von Grund auf sorgfältig nachzugehen, um es
für dich, hochverehrter Theophilus, der Reihe nach aufzuschreiben. 4So kannst du
dich von der Zuverlässigkeit der Lehre überzeugen, in der du unterwiesen wurdest.*

Hintergrund

Die Entstehung der Bibel ist sehr vielschichtig. Vor allem dann, wenn man Altes und Neues Testament betrachtet, wird sehr schnell deutlich, dass es ein langer und komplizierter Weg bis zur schriftlichen Form der Bibel war. Vor allem die alttestamentlichen Bücher bergen in sich eine Vielzahl von Schichten und Traditionen, die im Laufe der Geschichte zu einem Buch zusammengefügt wurden. Die Bibelwissenschaften versuchen, diesen Weg zu rekonstruieren, um dadurch verständlich zu machen, in welchem Kontext ein Text(teil) entstanden ist, wie er im Laufe der Zeit gelesen wurde, und warum er heute an der bestimmten Stelle der Bibel zu finden ist.

Gemeinsam ist den beiden Teilen der Bibel, dass sie aus einer ursprünglich mündlichen Tradition entstammen. Auch wenn man heute Judentum und Christentum als „Schriftreligion“ bezeichnet, so ist doch die Quelle von beiden eine mündliche Tradition.

Erst im Laufe der Zeit sind die mündlichen Überlieferungen niedergeschrieben worden, um sie entweder für die Liturgie zu verwenden, oder um die Überlieferung für die nachkommenden Generationen zu sichern.

Nachdenken

- Welche Schritte beschreibt Lukas auf dem Weg zur schriftlichen Form des Evangeliums?
- Welche Form kann die „Überlieferung“ haben, von der Lukas schreibt?
- Was ist der Grund, warum Lukas sein Evangelium aufschreibt?

5. Geschriebenes und Übersetztes

Vordenken

Die heute benutzten Bibelausgaben versuchen, den Leserinnen und Lesern die Bibel in einem ‚guten' Deutsch leseleicht nahezubringen. Die Leistung der Übersetzer besteht darin, einen alten Text aus einer fremden Kultur in unsere heutige Sprache zu übertragen. Und dies ist meist nicht damit getan, wörterbuchgetreu, Satz für Satz zu übersetzen, sondern es muss dabei immer in zwei Richtungen gedacht werden: Wie war der Text zum Zeitpunkt seiner Niederschrift gemeint, und wie kann dies heute für die Menschen verständlich ausgedrückt werden. Ein schwieriges Unterfangen!

Material

Exodus 1,8

In Ägypten kam ein neuer König an die Macht, der Josef nicht gekannt hatte.
(Einheitsübersetzung)

Da trat ein neuer König (die Herrschaft) über Ägypten an, der Joseph nicht (mehr) kannte. (Elberfelder Bibel rev.)

Da erstand ein neuer König über Aegypten, der nichts von Joseph wusste.
(Züricher Bibel)

Ein neuer König erstand über Ägypten, der hatte Josef nicht gekannt. (Buber)

Da kam ein neuer König auf in Ägypten, der wusste nichts von Joseph.
(Luther, rev. Fassung 1984)

Ein neuer König, der von Joseph nichts mehr wusste, trat über Ägypten die Herrschaft an. (Hamp-Stenzel-Kürzinger)

Hintergrund

Die Übersetzung der Bibel ins Deutsche ist heute – anders als zu Luthers Zeiten – nicht mehr die Arbeit eines einzelnen Gelehrten, der als Lebensaufgabe die komplette Bibel oder doch zu mindestens eines der Testamente in eine verständliche Sprache überträgt.
Auch reicht für eine Übersetzung nicht einfach die Kenntnis der zu übersetzenden Sprache aus, sondern ein umfangreiches Wissen ist für den Übersetzer notwendig, um dann bei jedem einzelnen Wort entscheiden zu können, was eine angemessene Übertragung ist. So beginnt der Psalm 103 in der deutschen Übersetzung mit:

Lobe den Herrn, meine Seele, / und alles in mir
seinen heiligen Namen.

Was ist hier mit Seele gemeint? Wie soll Gott und sein ‚heiliger Name' gelobt werden? Steckt hinter diesem Vers die Vorstellung, dass der Mensch eine vom Körper getrennte Seele besitzt, und eben diese Gott loben soll? Um diesen Satz richtig verstehen, seine Übersetzung gut einordnen zu können, ist es notwendig, einen Blick in die Sprachen zu werfen, in denen die ältesten biblischen Textzeugnisse vorliegen. Für das Alte Testament ist dies in erster Linie Hebräisch, Aramäisch (vor allem große Teile von Esra und Daniel) und Griechisch (Tobit, Judit, 1 & 2 Makkabäer, Weisheit, Jesus Sirach, Baruch, Daniel 13-14). Aufgrund von – teilweise fragmentarischen – Textfunden geht man heute davon aus, dass einige griechische Schriften Übersetzungen aus dem Hebräischen oder Aramäischen sind.
Der Psalm 103 ist in hebräischer Sprache verfasst, das mit „Seele" übersetzte Wort lautet *näfäsch*. Wörtlich übersetzt heißt dies einfach „Kehle". Und mit dieser Übersetzung macht der Vers Sinn und ist verständlich:

Lobe den Herrn, meine Kehle, / und alles in mir
seinen heiligen Namen.

Indem der Übersetzer statt dessen aber ‚Seele' einsetzt, versucht er, den Leserinnen und Lesern etwas von dem Sinnhorizont des Wortes ‚Kehle' zu vermitteln. Die biblischen Bilder, in denen Teile des menschlichen Körpers verwendet werden, weisen immer über das eigentliche sichtbare Organ hinaus. Der Übersetzer wird deshalb schauen, an welchen anderen Stellen *näfäsch* in der Bibel vorkommt, um die tiefere Bedeutung einschätzen zu können. An über 750 Stellen taucht dieses Wort wieder auf, angefangen bei Gen 2,7 auf den ersten Seiten der Bibel. Der Mensch bekommt den Lebensodem eingehaucht, damit er eine lebendige *näfäsch* wird, Gott sättigt die ausgetrocknete *näfäsch*, er füllt die hungrige *näfäsch* mit Gutem (Ps 107, 8df.) und schließlich: „Jede *näfäsch*, die an eben diesem Tage irgendwelche Arbeit tut, diese näfäsch will ich aus der Mitte des Volkes ausrotten." (Lev 23,30)[2]
Die Kehle des Menschen, die *näfäsch*, ist ein Ausdruck für das menschliche Leben schlechthin, für die Lebenskraft im umfassendsten Sinn. Der Übersetzer hat an diesem Punkt die Wahl zu treffen, mit welchem Wort er diesen Sinn am besten ausdrückt. Während er bei Lev 23,30, einem Gesetzestext, der davor warnt, am Sabbat zu arbeiten und als Strafe die ‚Ausrottung' des Menschen androht, vielleicht das Wort ‚Person' sinnvoll ist (Jede *Person*, die an eben diesem Tage irgendwelche Arbeit tut, diese Person will ich aus der Mitte des Volkes ausrotten.), ist im Psalm 108 die ausgetrocknete *Kehle* eine passende Übersetzung. Und bei Psalm 103? Wenn *Seele* als Ausdruck für das gesamte menschliche Leben verstanden wird, dann ist es eine gute Übersetzung. Wenn die Seele aber als vom Leib getrennter Teil gedeutet wird, und eben nur die Seele, aber nicht der Körper Gott loben soll – eine Vorstellung, die dem Alten Testament vollkommen fremd ist –, dann ist es eine ungeeignete Übersetzung.

2 Ich folge hier: Schroer/Staubli: Die Körpersymbolik der Bibel. 1998, Darmstadt, S. 61ff. Vor dort stammt auch die Übersetzung des Verses aus Levitikus.

Nachdenken

- Stellen Sie zwei Kopien der sechs verschiedenen Lesarten von Ex 1,8 her. Unterstreichen Sie in der ersten Kopie in den sechs Übersetzungen jeweils mit einer unterschiedlichen Farbe die Worte, die in allen Übersetzungen vorkommen. Wieviel Worte sind allen Übersetzungen gemein?
- In der zweiten Kopie unterstreichen Sie die Unterschiede. Wieviel Unterschiede finden Sie in diesem Satz?
- Welche Unterschiede sind nicht nur sprachlicher, sondern auch inhaltlicher Art?
- Worin bestehen die inhaltlichen Unterschiede?

6. Biblische Redensarten Lk 16,22

Die Bibel, als ‚Buch Nummer Eins' hat seine Spuren auch in der Umgangssprache der Menschen hinterlassen. Viele Bilder und Beispiele sind Teil unserer Sprache geworden, ohne dass man die Quelle oder den eigentlichen Bedeutungszusammenhang kennt. Im Laufe dieses Bibelkurses finden Sie fünf biblische Redensarten, die auf ihren Hintergrund und ihre Bedeutung untersucht werden.

Vordenken

Die menschliche Sprache kann mit Hilfe von Bildern und Beispielen Gefühle ausdrücken. Sie bedient sich dabei möglicher allgemeinmenschlicher Erfahrungen oder Bilder/Geschichten, die einen Zusammenhang so beschreiben, dass für andere Menschen die Situation, das dabei entstehende Gefühl und die Eindrücke nachzuvollziehen sind.
Wie würden Sie es in Worten ausdrücken, wenn Sie sich in einer Situation, an einem Ort besonders wohl, sicher und geborgen fühlen?
Bitte schreiben Sie die Formulierung, die Ihr Gefühl trifft, auf. Sie können dabei selbstverständlich auch mehrere Beispiele nennen.

Material

Lk 16, 19-23

*[19]Es war einmal ein reicher Mann, der sich in Purpur und feines Leinen kleidete
und Tag für Tag herrlich und in Freuden lebte. [20]Vor der Tür des Reichen aber lag
ein armer Mann namens Lazarus, dessen Leib voller Geschwür war. [21]Er hätte gerne seinen Hunger mit dem gestillt, was von dem Tisch des Reichen herunterfiel.
Statt dessen kamen die Hunde und leckten an seinen Geschwüren. [22]Als nun der Arme starb, wurde er von den Engeln in Abrahams Schoß getragen. Auch der Reiche
starb und wurde begraben. [23]In der Unterwelt, wo er qualvolle Schmerzen litt,
blickte er auf und sah von weitem Abraham, und Lazarus in seinem Schoß.*

Hintergrund

Abraham wird sowohl von Juden, Christen und dem Islam als Stammvater des Glaubens gesehen. Die Gläubigen verstehen sich als seine Nachkommen. Bei ihm zu sein, gilt als Erfüllung der religiösen Sehnsucht, als Bild für einen paradiesischen Zustand (vergleiche dazu auch Mt 8,11).

Das Element des Schutzes und der Geborgenheit wird dann besonders verstärkt, wenn man die bisherige Lebensgeschichte von Lazarus sich vor Augen hält. Schutzlos ist er der eigenen Krankheit, den Hunden und der Unbarmherzigkeit des Reichen, der ihm noch nicht einmal die Abfälle seines Tisches gönnt, ausgeliefert. Neben dem Schutz bietet „Abrahams Schoß“ auch noch Gerechtigkeit und Ausgleich für erlittenes Unrecht und Leid.

Nachdenken

- In welchen Augenblicken haben Sie sich „wie in Abrahams Schoß“ gefühlt?
- In welchen Situationen haben Sie dieses Bild schon einmal verwendet?

7. Die jüdische Bibel

Vordenken

Wer das Inhaltsverzeichnis einer Bibel in der Hand hält, kann auf die Idee kommen, dass das Alte Testament die Bibel der Juden ist, das Neue Testament oder Altes und Neues Testament zusammen die Bibel der Christen. Aber bei genauerem Hinsehen zeigen sich große Unterschiede in Textumfang und Anordnung der einzelnen Texte zwischen der jüdischen Bibel und dem christlichen Alten Testament.

Material

Vorwort zu Jesus Sirach
Mt 7,12; Mt 11,11, 13; Lk 24, 44;

Alles, was ihr also von den anderen erwartet, das tut auch ihnen! Denn darin besteht das Gesetz und die Propheten.

Amen, das sage ich euch: Unter allen Menschen hat es keinen größeren gegeben als Johannes der Täufer; doch der kleinste im Himmelreich ist größer als er. […] Und bis hin zu Johannes haben alle Propheten und das Gesetz (über diese Dinge) geweissagt.

Dann sprach er zu ihnen: Das sind die Worte, die ich zu euch gesagt habe, als ich noch bei euch war: Alles muß in Erfüllung gehen, was im Gesetz des Mose, bei den Propheten und in den Psalmen über mich gesagt ist.

Vieles und Großes ist uns durch das Gesetz, die Propheten und die anderen Schriften, die ihnen folgen, geschenkt worden. Dafür ist Israel zu loben wegen seiner Bildung und Weisheit.

Hintergrund

Die jüdische Bibel, der Tanach (oder Tanak) und das Alte Testament sind in Umfang und Aufbau nicht identisch. Die Bücher der jüdischen Bibel werden in drei große Gruppen eingeteilt, die jeweils mit einem Begriff überschrieben werden. Aus den Anfangsbuchstaben ist das Kunst-Wort Tanach (oder Tanak) als Bezeichnung für die gesamte Textsammlung gebildet worden. Die Abfolge der Gruppen entspricht der Kanonisierung (d.h. der Anerkennung als authentische Schriften) und ihrer Bedeutung. Die Anordnung innerhalb der zweiten und dritten Gruppe entspricht der angenommenen oder tatsächlichen Entstehungszeit des Buches. So ist beispielsweise verständlich, dass das Buch Daniel, welches um 165 v. Chr. beendet wurde, zwar ein prophetisches Buch ist, aber erst ins letzte Drittel der Schriften eingeordnet wird.

Die Dreiteilung ist als Konzept wesentlich älter als die Buchauswahl selbst. Diese wurde um 100 n. Chr. allgemein akzeptiert, um 200 n. Chr. gibt es nur noch Diskussionen über die dritte Gruppe der Schriften.

Der Tanak

Die ersten fünf Bücher werden Tora, was meist mit „Gesetz“ übersetzt wird, genannt. Diese Bezeichnung für das Pentateuch (griech. = Fünf Rollen) muß positiv als „Weisung und Lehre (für ein gelingendes Leben)“ verstanden werden. Die jüdischen Bezeichnungen für die Bücher stammen aus den ersten Worten des entsprechenden Buches: „im Anfang“, „Name“, „er rief“, „in der Wüste“ und „Worte“. Der liturgischen Bedeutung nach sind dies die wichtigsten Bücher. Sie werden im Sabbat-Gottesdienst fortlaufend gelesen. Aus den „Propheten“ werden zur Tora-Lesung passende, d.h. kommentierende Stellen gelesen. Die übrigen Schriften haben keine liturgische Bedeutung, ausgenommen die „Festrollen“, die an den hohen Festen, dem ‚Wochenfest‘ (= Rut), Pesach (Hohelied), Laubhüttenfest (= Kohelet), Gedenktag der Tempelzerstörung (Klagelied) und Purim (= Ester) in den Synagogen gelesen werden.

Tora „Gesetz“	Genesis, Exodus, Levitikus, Numeri, Deuteronomium	
Nebiim „Propheten“	Josua, Richter, 1 Samuel, 2 Samuel, 1 Könige, 2 Könige	Unterteilt in vordere Propheten (bis 2 Kön) und hintere Propheten (ab Jesaja)
	Jesaja, Jerimia, Ezechiel	
	Hosea, Joel, Amos, Obadja, Jona, Micha, Nahum, Habakuk, Zefania, Haggai, Sacharja, Maleachi	Die „zwölf kleinen Propheten“
Ketubim „Schriften“	Psalmen, Ijob, Sprichwörter	
	Rut, Hoheslied, Kohelet, Klagelieder, Ester	„Festrollen“
	Daniel, Esra Nehemia, 1 Chronik, 2 Chronik	

Die Bezeichnung ‚Propheten‘ für den zweiten Block der Bibel ist irritierend, weil die ersten 6 Bücher zwar Bücher sind, die entweder einem Propheten als Autor zugeschrieben wurden oder bei denen eine prophetische Gestalt im Mittelpunkt der Erzählung steht. Aber im engeren Sinn sind es Geschichtsbücher, die die Geschichte Israels bis zum Exil erzählen. Erst die hinteren Propheten mit den drei großen Propheten Jesaja, Jeremia und Ezechiel sind ‚richtige‘ prophetische Bücher, die die augenblicklichen Zustände, das Verhalten der Menschen kritisieren und eine Vision für die Zukunft entwerfen.
Die „Schriften“ sind eine Sammlung von unterschiedlichen Schriftarten (Dichtung, Historie, Novelle, Weisheitsliteratur und apokalyptische Schriften). Vor allem die ‚Festrollen‘ haben an den Festtagen eine herausgehobene Stellung.

Nachdenken

- Vergleichen Sie die drei neutestamentlichen Textstellen miteinander: Welche biblischen Bücher bzw. Buchgruppen werden in den Texten der Evangelisten genannt?
- Welche Schriftgruppen des Tanach werden in dem Vorwort zur griechischen Ausgabe von Jesus Sirach genannt?
- Vergleichen Sie die Liste des Tanach mit Ihrer Ausgabe des Alten Testaments: Welche Schriften fehlen?
- Was fällt Ihnen bei der Unterteilung und der Reihenfolge auf?

8. Das Alte Testament

Vordenken

Die ersten Christen haben für sich keinen neuen Kanon an biblischen Schriften geschaffen. Das, was für das Judentum als Heilige Schrift galt, hatte für sie die gleiche Bedeutung, auch wenn sie die hebräischen Schriften in griechischer oder lateinischer Übersetzung lasen.

Material

Das Alte Testament

Tora/Pentateuch

Genesis, Exodus, Levitikus, Numeri, Deuteronomium

Die Bücher der Geschichte

Josua, Richter, Rut, 1 Samuel, 2 Samuel, 1 Könige, 2 Könige, *1 Chronik, 2 Chronik, Esra, Nehemia, (Tobit), (Judith), Ester (Zusätze aus LXX), (1 Makk), (2 Makk)*

Die Bücher der Weisheit

Ijob, Psalmen, Sprichwörter, Kohelet, Hoheslied, *(Weisheit), (Jesus Sirach)*

Die Bücher der Prophetie

Jesaja, Jeremia, *Klagelieder, (Baruch)*, Ezechiel, *Daniel (+ Dan 13 + 14)*, Hosea, Joel, Amos, Obadja, Jona, Micha, Nahum, Habakuk, Zefanija, Haggai, Sacharja, Maleachi

(In dieser Übersicht sind die Bücher, die an einer anderen Stelle als im Tanach eingeordnet wurden, kursiv geschrieben. Jene Bücher, die seit der Reformation als nichtkanonisch (= apokryph) gelten, sind in Klammern gesetzt.)

Hintergrund

Erst im 4. Jahrhundert ist von der westlichen Kirche der wesentlich umfangreichere Kanon der Septuaginta[3] als Heilige Schrift anerkannt worden. Die östliche Kirche hat sich im 7. Jahrhundert angeschlossen.

Die Übernahme des erweiterten Schriftkanons war von intensiven Diskussionen begleitet. Als Gründe für die Übernahme können gelten: Die neutestamentlichen Texte zitieren selbst die LXX und nicht den Tanach; durch die Aufnahme der später entstandenen Bücher wird eine Fortschreibung der Heilsgeschichte verdeutlicht; es gibt keine „Schrift- oder Traditions-Lücke“; und schließlich waren die Schriften für die Katechese und auch literarisch wertvoll, wurden wahrscheinlich schon für den jüdischen Proselytenunterricht verwendet.
In der Reformation wurden alle Bücher, die nicht als hebräische Texte vorliegen (Tobit, Judith, Weisheit, Jesus Sirach, Baruch, 1 und 2 Makkabäer), wieder aus dem Kanon entfernt. Auch wenn damit der Umfang des jüdischen Bibelkanons wiederhergestellt war, in der Anordnung wurde die jüdische Dreiteilung nicht übernommen. Das Alte Testament wird in vier Teile eingeteilt: a) Tora/Das Pentateuch, b) Die Bücher der Geschichte, c) Die Bücher der Weisheit und d) Die Bücher der Prophetie.

Nachdenken

- Vergleichen Sie die Liste des Tanach mit der Liste des Alten Testaments. Was ist mit den „Schriften/Ketubim“ des Tanach passiert?
- Welche Schriften/Schriftteile sind neu hinzugekommen?
- Welche Bücher sind gewandert?
- Wenn Sie das Buch Ijob und die Psalmen kennen: Was für einen inhaltlichen Grund kann es gegeben haben, die beiden miteinander zu vertauschen?

---

3 Die Septuaginta ist die griechische Übersetzung der jüdischen Bibel, die der Legende nach von 70 oder 72 Männern (daher der Name, auch mit der römischen Zahl ‚LXX‘ abgekürzt) in 72 Tagen für die königliche Bibliothek von Ptolemaios II. angefertigt wurde. In Wahrheit handelt es sich um eine Sammlung von verschiedenen Übersetzungen, wobei die ältesten Teile aus dem 3. Jahrhundert v. Chr. stammen. Bemerkenswert ist dabei, dass sie teilweise offensichtlich Textfassungen zur Verfügung hatten, die länger oder kürzer sind als die heute bekannten hebräischen Versionen, und dass sie auch originär griechische Schriften enthalten. Die christlichen Gemeinden übernahmen die LXX, die in den jüdischen Gemeinden von Alexandrien in Gebrauch waren.

9. Spurensuche

Vordenken

Bisher ging es in erster Linie um die Bücher als ganze Einheiten, wie sie in der Bibel vorkommen. Aber schon bei der Septuaginta wurde deutlich, dass es von einzelnen Büchern offensichtlich verschiedene Versionen gibt, die sich in Umfang und Inhalt teilweise erheblich voneinander unterscheiden. Die einfachste Antwort auf die Frage, was der richtige Text ist, hieße: Der Text, der von den Verfassern im Original geschrieben wurde. Aber die Originale liegen heute nicht mehr vor.

Material

„Das ringsum abgebrochene Papyrusfragment P.Vindob. G 42417 stellt einen neuen Beleg für den neutestamentlichen Hebräerbrief dar. Auf dem 3,3 x 5,2 cm großen Bruchstück sind Teile aus Hebr 2,9-11 (Rekto) und 3,3-6 (Verso) erhalten. Auf dem Rekto verläuft die Schrift mit den Fasern, auf dem Verso gegen die Fasern.

Der Hebräerbrief ist im spätantiken Ägypten relativ gut bezeugt. Elf Zeugnisse auf verschiedenen Schriftträgern (Papyrus, Pergament

Übersetzung Vorderseite

Aber den, der nur für kurze Zeit unter die Engel erniedrigt war, Jesus, ihn sehen wir um seines Todesleidens willen mit Herrlichkeit und Ehre gekrönt; es war nämlich Gottes gnädiger Wille, daß er für alle den Tod erlitt.

Denn es war angemessen, daß Gott, für den und durch den das All ist und der viele Söhne zur Herrlichkeit führen wollte, den Urheber ihres Heils durch Leiden vollendete. Denn er, der heiligt, …

Ostrakon) kennt man bisher. Wie es bei christlichen Texten die Regel ist, scheint auch das vorliegende, doppelseitig beschriftete Bruchstück aus einem Kodex zu stammen. Da der Text auf beiden Seiten des Papyrus erhalten ist, lassen sich die Dimensionen des Kodexblattes grob berechnen. Jeweils 3 cm für den oberen und den unteren Rand einkalkuliert, ergäbe sich eine Blatthöhe von 27,5 bis 28 cm. Die Breite lässt sich ebenfalls grob berechnen: Da in dem 3,3 cm breiten Papyrus 8 Buchstaben Platz finden: Nach dem rekonstruierbaren Textverlauf standen ca. 34 Buchstaben in der Zeile, die dann ca. 14 cm breit war. Mit dem linken und rechten Rand kommt man auf eine Gesamtbreite von ca. 18 cm. Das Blatt dürfte also ca. 18 x 28 cm gemessen haben, was eine durchaus übliche Größe für Papyruskodizes dieser Zeit ist. Für die Datierung des Stückes sind paläographische Kriterien anzuwenden. Zwar weist die elegante Schrift mehrere Merkmale auf, die auf eine frühe Entstehungszeit hinweisen, doch die Bildung mancher Buchstaben wie z.B. des Epsilon und des My spricht deutlich für eine späte Datierung des Papyrus ins 6. oder ins 7. Jh.

Übersetzung Rückseite

Er ist aber größerer Ehre wert als Mose, so wie der Erbauer des Hauses größere Ehre hat als das Haus. Denn jedes Haus wird von jemandem erbaut; der aber alles erbaut hat, das ist Gott.“

(von der Homepage der Österreichischen Nationalbibliothek, in deren Papyrussammlung das Fragment vor kurzem gefunden wurde. http://www.oenb.ac.at/sammlgn/pa/news1.htm-)

Hintergrund

Vor zwei Jahren ist Johannes Gensfleisch, genannt Gutenberg, zum Mann des Jahrtausends ernannt worden. Seine Erfindung des Buchdrucks mit beweglichen Lettern stellt im Bereich der Verbreitung von schriftlichen Texten einen Quantensprung dar. Bis zu diesem Zeitpunkt gab es nur die Möglichkeit, Texte als Handschriften zu kopieren und zu verbreiten: eine Methode, die zeit- und kostenaufwendig ist, die nur eine relativ kleine Anzahl von Kopien ermöglicht, und wobei vor allem sich jede Kopie von der Vorgängerin durch mehr oder weniger kleine Schreibfehler unterscheidet. Aufgrund des Umfangs der Bibel oder auch von einzelnen Büchern werden immer mehrere Personen an der Vervielfältigung eines Werks gearbeitet haben. Die Art der Fehler ist bei jedem Kopisten noch einmal anders, so dass man in einem Buch mit unterschiedlichen Lese- und Schreibfehlern rechnen muss. Erst durch die Erfindung von Gutenberg war es möglich, identische Kopien eines Werkes relativ schnell und kostengünstig herzustellen.

Ein vergleichender Rückgriff auf die Originale ist nicht mehr möglich, weil sie aufgrund des empfindlichen Materials (vor allem Papyrus) und der schlechten Lagerungsmöglichkeiten in den Jahrtausenden unwiederbringlich verloren gegangen sind.

Grundlage für die hebräisch/aramäischen Schriften ist der *Codex Leningradiensis*, der 1008/1010 n. Chr. in Kairo geschrieben wurde. 491 Pergamentblätter (34 mal 30 Zentimeter), jeweils dreispaltig à 27 Zeilen beschrieben, wurde dieser Codex ursprünglich lose in einer Holzkassette aufbewahrt. Auf Umwegen gelangte er nach Leningrad, wo er heute unter der Nummer B 19 a aufbewahrt wird. Neben dieser bedeutenden Handschrift gibt es noch den Kairoer Prophetenkodex aus dem Jahr 895, der die Vorderen und hinteren Propheten umfasst, und den Kodex von Aleppo, eine komplette Bibelhandschrift, die sich in Jerusalem befindet.

Als Handschriften für die griechischen Schriften sind drei aus dem 4. und 5. Jahrhundert zu nennen: der *Codex Vaticanus* aus dem 4. Jahrhundert, 759 Blätter (Rom, Biblioteca Vaticana), der *Codex Sinaiticus* aus der gleichen Zeit (491 Blätter, London, Britisches Museum) und *der Codex*

Alexandrinus aus dem 5. Jahrhundert (773 Blätter, London, Britisches Museum). Keiner dieser Codices ist vollständig, sie haben alle kleinere Lücken. Am unvollständigsten ist der Codex Sinaiticus, beim ihm fehlen im Alten Testament nicht nur einzelne Kapitel, sondern der Pentateuch und ein großer Teil der Propheten. 1844 von dem deutschen Gelehrten Tischendorf im Katharinenkloster im Sinai entdeckt, ist er schließlich 1933 im Britischen Museum in London gelandet. Aber seine Entdeckung ist damit noch lange nicht abgeschlossen. So hat man 1983 in demselben Kloster zwölf weitere Blätter der Handschrift gefunden.
Neben solch ‚kompletten' Handschriften spielen Papyrusstücke, die immer wieder auftauchen, eine wichtige Rolle. Hier finden sich Ausschnitte, die in den seltensten Fällen ganze Kapitel oder Sinnabschnitte umfassen, meist kleine (lückenhafte) Textabschnitte. Trotz dieser Lücken sind die Ende des 19. Jahrhunderts in Ägypten gefundenen Papyri aus dem 2. – 4. Jahrhundert als Ergänzung, zur Textkorrektur und zum Vergleich der drei Codices wertvoll.

Nachdenken

- Wie groß ist der neu gefundene Papyrus des Hebräerbriefes?
- Woraus schließen die Finder, dass es sich um ein Stück aus einem Kodex handelt?
- Wie viele Buchstaben haben in einer Zeile auf dem Papyrus Platz?
- Anhand welcher Merkmale/Methoden versuchen die Forscher, das Alter des Papyrus zu bestimmen?
- Welche Probleme mit solchen Texten können Sie aus der Beschreibung ablesen?

10. Biblische Redensarten Spr 16,18

Vordenken

Wenn man in einem anerkannten deutschen Lexikon unter dem Stichwort Hochmut nachschaut, dann wird dort entweder mit einem Verweis-Pfeil auf die „Demut“ verwiesen, oder man bekommt erklärt, dass „der Hochmut die der Demut entgegengesetzte sittliche Grundhaltung“ eines Menschen sei. Sie gehört zu den Un-Tugenden, die sich in den christlich geprägten Moralkodices finden.
Bitte notieren Sie, an welchen Verhaltensweisen Sie Demut oder Hochmut festmachen.

Material

Spr 16,18-19

18 *Hoffart kommt vor dem Sturz, und Hochmut kommt vor dem Fall.*
19 *Besser bescheiden sein mit Demütigen, als Beute teilen mit Stolzen.*

(Lohfink, Norbert: Das Jüdische am Christentum, [2]1989 Freiburg i.Brsg. S.17)

Hintergrund

Das Buch der Sprüche ist eine Sammlung von allgemeinen Lebensweisheiten, die Salomon und seiner sprichwörtlichen Weisheit zugeordnet werden. Sie werden unabhängig von geschichtlichen Ereignissen vorgestellt. Ausgangspunkt der Theologie dieses biblischen Buches ist die Meinung, dass Glück und Unglück des Menschen Folge seines eigenen Verhaltens sind. Der Nachdruck, mit dem dies vertreten wird, zeigt wahrscheinlich das pädagogische Interesse, das hinter der Spruchsammlung zu vermuten ist. Der Mensch soll beispielsweise bei

4 „Hoffart“ stammt von dem Mittelhochdeutsch „hôchvart“ ab und bedeutet: Art vornehm zu leben, Hochmütigkeit, edler Stolz, äußerer Glanz, Pracht, Aufwand, Übermut.

unseren beiden Versen von Stolz, Hochmut und Hoffart[4] abgehalten werden.
Die Zuordnung als *Sprüche Salomons* ist darauf zurückzuführen, dass die schriftliche Sammlung der Sprichworte am Königshof erfolgte oder zumindest dort angeregt wurde. Die Entstehungszeit der Sammlung, die je nach Zählung aus sieben oder neun Teilen besteht, ist sehr umstritten. Da die einzelne Teile aus unterschiedlichen Kontexten stammen (z.B. aus dem Unterricht als kurzgefasste Belehrung) und auch die Lebenswelten, auf die sie Bezug nehmen, sehr unterschiedlich sind (durch Ackerbau und Viehzucht geprägte Lebensformen, an anderer Stelle städtische Lebensbereiche mit Handwerk und Handel), kann man nur jeden einzelnen Teil ungefähr zeitlich einordnen. Die ältesten Textteile sind vermutlich auf die Zeit, in der Israel als Stämmegesellschaft bestand (ca. 1200-1000 v. Chr.), zurückzuführen. Die Endredaktion des Gesamtbuches wird im 4.-3. Jahrhundert v. Chr. angesetzt, muss aber 190 v. Chr. abgeschlossen sein, weil in Sir 47,17 bereits auf die Sprüche Bezug genommen wird.
In der Bibel ist der Hochmütige Mensch nicht nur bei den Mitmenschen unbeliebt, sondern er gehört aus der Sicht Gottes zu den Toren, den es an Demut vor Gott fehlt. Dem Menschen, und in der Sprache des Glaubens auch den Engeln als Geschöpfen, fehlt es an Selbsterkenntnis, so dass sie sich über sich selbst täuschen. Selbstüberschätzung, Selbstgefälligkeit, Eitelkeit, Prahlerei, Streben nach Macht und Ehre und Neid auf fremdes Glück sind die Folge. Diese Ich-Zentriertheit ist der Grund dafür, dass der Mensch und die Engel (als Ausdruck für die gesamte Schöpfung) in der Ursünde leben, und sich von Gott entfernt haben. Demut vor Gott und den Mitmenschen ist für Thomas von Aquin deshalb eine Kardinaltugend.

Nachdenken

- In welchen Situationen fällt es Ihnen schwer, demütig zu sein?
- In welchen Augenblicken sind Sie schon einmal mit der Folgen Ihrer Selbstüberschätzung konfrontiert worden?
- Wann fällt es leicht, die eigene Leistung realistisch einzuschätzen?

11. Der Pentateuch

Vordenken

Die ersten fünf Bücher der Bibel werden entweder – vom Griechischen abgeleitet – als Pentateuch (fünfteiliges Buch), oder als die Bücher Mose oder als die Tora (Weisung/Gesetz) bezeichnet. Damit wird eine Einheit, ein Zusammenhang und eine Beziehung zwischen den ersten fünf Schriften hergestellt. Diese besondere Stellung gegenüber den übrigen Büchern der jüdischen Bibel wird auch noch einmal dadurch unterstrichen, dass sie die Bücher sind, die im Rahmen einer kontinuierlichen Lektüre komplett im Synagogengottesdienst vorgelesen werden. Die übrigen Bücher werden nur ausschnittweise als Kommentierung dazu verwendet.

Material

Gen 1,26-28 und Gen 2,4a-7, 18

1 [26]*Dann sprach Gott: Lasst uns Menschen machen als unser Abbild, uns ähnlich.*
[...] Gott schuf also den Menschen als sein Abbild; als Abbild Gottes schuf er ihn.
Als Mann und Frau schuf er sie. [28]*Gott segnete sie, und Gott sprach zu ihnen: Seid*
fruchtbar, und vermehret euch, bevölkert die Erde [...]

2 [4a]*Das ist die Entstehungsgeschichte von Himmel und Erde, als sie erschaffen*
wurden. [4b]*Zur Zeit, als Gott, der Herr, Erde und Himmel machte,* [5]*gab es auf der*
Erde noch keine Feldsträucher und wuchsen noch keine Feldpflanzen, denn Gott,
der Herr, hatte es auf der Erde noch nicht regnen lassen, und es gab noch keinen
Menschen, der den Ackerboden bestellte; [6]*aber Feuchtigkeit stieg aus der Erde auf*
und tränkte die ganze Fläche des Ackerbodens. [7]*Da formte Gott, der Herr, den*
Menschen aus Erde vom Ackerboden und blies in seine Nase den Lebensatem. So
wurde der Mensch zu einem lebendigem Wesen. [...] [18]*Da sprach Gott, der Herr: Es*
ist nicht gut, dass der Mensch allein bleibt. Ich will ihm eine Hilfe machen, die
ihm entspricht.

Hintergrund

Die ursprüngliche Buchgestalt war die einer Rolle. Zwischen zwei Stäben wurde ein Papyrus- oder Pergamentstreifen aufgespannt, der dann spaltenweise beschrieben wurde. Zur Aufbewahrung wurde sie zusammengerollt und in einem Stoffsack, einer Holzkassette o.ä. untergebracht. Zum Lesen musste die Rolle auf einen Tisch gelegt und ausgerollt werden. Die Tora war zu umfangreich, um sie komplett in einer Rolle unterzubringen. Aus diesem Grund wurde sie auf fünf Einzelrollen verteilt, wobei als Trennungskriterium nicht die technischen Aspekte im Vordergrund standen, sondern inhaltliche.

Das Buch *Genesis* (in der jüdischen Bezeichnung wird es nach dem ersten Wort der Rolle genannt: „Ursprung") erzählt die Ursprünge in zweifacher Weise: einmal die Schöpfung der Welt, und zum anderen den Beginn der Geschichte Israels von den Erzeltern Abraham und Sara bis zu den zwölf Stämmen Israels. Es schließt mit dem Tod Jakobs. Der Exodus aus Ägypten wird angekündigt. Theologisch ist der Mittelpunkt die Frage nach Heil und Unheil. Das von Gott geschenkte Heil muss durch seine Barmherzigkeit wieder hergestellt werden.

Im Buch *Exodus* („Auszug") wird die Geschichte des zu einem Volk gewordenen Israel erzählt. Als Anschluss an die Genesis wird die Verheißung der Herausführung (Befreiung) aus Ägypten. Am Berg Sinai wird der Bund Gottes mit den Menschen geschlossen, und das Offenbarungszelt, das aus dem Sinai mitgeführt werden kann, wird zum Zeichen der Gegenwart Gottes.

Levitikus („er rief") beschreibt die Grundordnung Israels als „heiliges, von Gott auserwähltes Volk". Dabei werden sowohl Regelungen für den Kult als auch für das ethische Leben festgelegt.

Im Buch *Numeri* („in der Wüste") wird der Zug durch die Wüste fortgesetzt. Vom Sinai geht es bis zu den Grenzen des verheißenen Landes. Dabei werden die Konflikte innerhalb der Gemeinschaft auf dem Weg geschildert. Einige Stämme bekommen im Ostjordanland ihren Platz zugewiesen.

Das Geschehen im Buch *Deuteronomium* („zweites Gesetz/zweite Ausgabe des Gesetzes") spielt an einem einzigen Tag, dem Todestag des

Moses. Es spannt den Bogen von der Genesis über die folgenden Bücher. Es ist in gewisser Weise das Testament des Moses.
Das *Pentateuch* hat seine jetzige Gestalt im Wesentlichen zwischen 450 und 400 v. Chr. erhalten. Einzelne Bücher und Buchteile sind aber wesentlich älter. In einem langen Prozess der Kanonbildung sind sie zu ihrer jetzigen Form zusammengefügt worden. Als Beleg für einen solchen redaktionellen Prozess, in dem aus verschiedenen Texten ein Text komponiert wurde, gelten: Es werden unterschiedliche Gottesnamen verwendet; einzelne Episoden werden zwei oder sogar dreimal erzählt, und zwar so, dass es Widersprüche zwischen den einzelnen Erzählweisen gibt.

Nachdenken

- Vergleichen Sie die beiden Ausschnitte aus dem ersten und zweiten Kapitel des Buches Genesis miteinander. An welcher Stelle ist der Bericht der Erschaffung von Himmel und Erde beendet?
- Zu welchem Zeitpunkt werden Mann und Frau geschaffen?
- Lesen Sie die beiden ersten Kapitel der Genesis in Ihrer Bibel: Welche Unterschiede, welche Widersprüche und welche Gemeinsamkeiten fallen Ihnen auf?
- Warum können die beiden ersten Kapitel als Hinweis dafür dienen, dass das Pentateuch in einem redaktionellen Prozess aus verschiedenen Texten zusammengefügt wurde?

12. Prophet – Ein unbeliebter Beruf?

Vordenken

Der Prophet gilt nichts im eigenen Land! Diese biblische Weisheit beschreibt, wie es Propheten in der Heimat ergeht. Aber was ist überhaupt ein Prophet? Wir sprechen den Menschen prophetische Gaben zu, die die Zukunft vorhersagen, oder zumindest vorgeben, die Zukunft vorhersagen zu können. Aber der biblische Begriff des Propheten ist vielschichtiger, und die „Weissagung" ist nur ein untergeordneter Teil.

Material

Ez 6,1-7

Das Wort des Herrn erging an mich: [2]Menschensohn richte dein Gesicht auf die Berge Israels; sprich als Prophet zu ihnen, [3]und sage: Ihr Berge Israels, hört das Wort Gottes, des Herrn! So spricht Gott, der Herr, zu den Bergen und Hügeln, zu den Schluchten und Tälern; Ich selbst werde das Schwert über euch bringen und eure Kulthöhen zerstören! [4]Eure Opferaltäre werden vernichtet und eure Räuchertische zerbrochen. Eure Erschlagenen werfe ich vor eure Götzen hin. [5]Die Leichen der Israeliten lege ich ihren Götzen zu Füßen. Eure Gebeine verstreue ich rings um eure Altäre. [6]Überall, wo ihr wohnt, werden die Städte verwüstet und die Kulthöhen veröden; denn eure Altäre sollen verwüstet und öde sein, eure Götzen zerbrochen und verschwunden, eure Räuchertische zerschlagen, eure Machwerke vernichtet. [7]Mitten unter euch liegen die Erschlagenen. Dann werdet ihr erkennen, dass ich der Herr bin.

Hintergrund

Die Vielfältigkeit des Propheten-Begriffs zeigt sich schon an den vier Gruppierungen, in die man die israelitischen Propheten einteilen kann: a) Ordenspropheten, die in einer Gemeinschaft durch Ekstase den Kontakt zu Gott suchen; sie agieren auch als Heiler, Seelsorger etc. Ihren Unterhalt verdienen sie als Bauern und Hirten, treffen sich aber regelmäßig mit dem Meister zu den Sitzungen; b) Tempel- oder Kultpropheten, die in einer Beziehung zu einer Kultstätte leben. Dort sind sie für die Fürbitten und den Gotteszuspruch zuständig. In Jerusalem sind sie den Priestern unterstellt und gehören zu dem Beamtenapparat; c) Hofpropheten stehen im Dienst des Königs und der Politik; sie sollen den Frieden und das Heil sichern, das Unheil abwenden; die Bibel bezeugt auch drei Frauen in dieser Funktion; d) oppositionelle Einzelpropheten, die für sich eine über allen Traditionen und Gesetzen stehende Autorität beanspruchen, die vor allem in Zeiten von gesellschaftlichen (und Natur-) Katastrophen ihr Wort erheben, oder um es genau zu sagen, das Wort zu Gehör bringen; ihr Leben ist von Anfeindung und Martyrium gekennzeichnet.

In die letzte Gruppe der Propheten gehören die meisten der Schrift-Propheten (oder auch literarische Propheten)[5]. Diese bestimmen das Bild der Prophetie im Alten Testament. Nach dem heutigen Stand der Forschung geht kein einziges Prophetenbuch auf den Propheten zurück, dessen Namen es im Titel trägt. Wer die Prophetenworte aufgeschrieben und dann zu einem Gesamtwerk komponiert hat, ist nur schwer festzumachen. Sicher ist jedenfalls, dass nicht nur Schülerkreise dafür in Frage kommen, weil einzelne Bücher, wie das Buch Jesaja, über Jahrhunderte hinweg immer weiterbearbeitet wurden. Inhalt der Prophetenbücher sind in erster Linie Gottes- und Prophetenworte, und daneben die (scheinbare) Biographie eines Propheten. Dies ist entweder als Autobiographie eines Ich-Erzählers oder als Fremdbericht gestaltet. Diese erzählenden Passagen sind in der Regel der Legitimationsnachweis für das Prophetenwort. Sie stehen entweder am Ende des Gesamtbuches oder zu Beginn eines Teils. Wesentliches Merkmal eines prophetischen Textes ist eine Botenspruchformel („So hat JHWH gesprochen: Seht ich plane Unheil. Mi 2,2), die Ausdruck des Selbstverständnisses ist, als Bote, als Abgesandter, der ein Gotteswort öffentlich machen soll.

5 Ausgenommen sind hier nur Hab, Nah und Joel.

Nachdenken

- Gegen wen wendet sich der Prophet in Ez 6,1-7? Was kündigt der Prophet dem Volk an?
- Warum wurde das Gericht Gottes über das Volk verkündet? Was ist das Ziel des Gerichtes?
- Die Gerichtsankündigung wird durch zwei typische Formulierungen der Propheten eingerahmt: Wie würden Sie Vers 1 und 2 charakterisieren?
- Wie würden Sie die Formulierung in Vers 7 beschreiben?

13. Biblische Redensarten Ez 13,4-6

Vordenken

Menschen sind besonders in der Not auf Andere angewiesen. Sie sind von der Unterstützung, die gewährt oder verweigert wird, abhängig. Je größer die Not ist, in der man sich befindet, um so größer ist der Wunsch, dass sich jemand findet, der eingreift, unterstützt, verteidigt, hilft, oder einfach nur Beistand leistet.

Material

Ez 13, 4-6

[4]Wie Füchse in den Ruinen sind deine Propheten, Israel. [5]Ihr seid nicht in die Bresche gesprungen. Ihr habt keine Mauern für das Haus Israel errichtet, damit es am Tag des Herrn im Kampf stand halten kann. [6]Sie haben nichtige Visionen, verkünden falsche Orakel und sagen: Spruch des Herrn – obwohl sie der Herr nicht gesandt hat. Trotzdem warten sie darauf, dass er ihre Worte erfüllt.

Hintergrund

Das Buch Ezechiel, eines der prophetischen Bücher im Alten Testament, entstand überwiegend zur Zeit des babylonischen Exils. Auffallend ist die durchgehende Form einer Ich-Rede, wobei der Part des Redners zwischen dem Propheten und Gott wechselt. Das Buch selbst ist grob in zwei unterschiedliche Phasen aufgeteilt: die Unheilsverkündigung und die Heilsverkündigung. In den Kapiteln 1 bis 24 wird die Gerichtsankündigung über Israel besonders für Jerusalem ausgesprochen. Ab Kapitel 33 geht es um das Heil mit der Ankündigung einer neuen Ordnung und eines neuen Tempels.
Der Bibeltext, der die Bresche, in die man springen soll, erwähnt, stammt noch aus der Gerichtsverkündigung. „Eine Bresche schlagen" wie auch „in die Bresche springen" sind Bilder, die aus einer Kampfsituation um eine befestigte Stadt entstammen. Eine Bresche ist einen Lücke (das deutsche Wort „Bruch", das englische „break" ist lautähn-

lich), die in eine Stadtmauer geschlagen wurde, um die Stadt erobern zu können. Wer eine Bresche schlägt, versucht einen Weg zu einem Ziel frei zu machen, wer in die Bresche springt, der versucht die Stadt zu verteidigen, sie vor den Feinden zu bewahren.
Der Vorwurf Ezechiels an Israel besteht darin, dass sie die Stadt, d.h. den Glauben nicht befestigt haben, ihn nicht vor dem Angriff der Feinde geschützt, sondern kampflos preisgegeben haben. In Ez 22,30.31 wird der Vorwurf wiederholt: „Die Bürger des Landes erpressen und rauben. Sie beuten die Schwachen und Armen aus und erpressen die Fremden gegen jedes Recht. Da suchte ich unter ihnen einen Mann, der eine Mauer baut oder für das Land in die Bresche springt und mir entgegentritt, damit ich es nicht vernichten muss; aber ich fand keinen.“ Dieses Mal ist der Spruch Gottes, der in Kapitel 13 gegen die falschen Propheten gerichtet war, zur Anklage gegen Jerusalem geworden. In der ganzen Bevölkerung hat sich kein einziger Mensch gefunden, der als Gerechter das drohende Gericht in der größten Not hätte abwenden können.

Nachdenken

- In welchen Situationen bin ich selbst schon einmal ‚in die Bresche‘ gesprungen?
- Wann habe ich in einer großen Not Hilfe erfahren?

14. Gedeutete Geschichte

Vordenken

In der hebräischen Bibel ist es üblich, dass die Bücher nach den ersten Worten benannt werden. So heißen die Bücher Chronik im Original ‚Begebenheiten der Tage'.

Material

2 Chr 36,22-23

22 *Im ersten Jahr des Königs Kyrus von Persien sollte sich erfüllen, was der Herr durch Jeremia gesprochen hatte. Darum erweckte der Herr den Geist des Königs Kyrus von Persien, und Kyrus ließ in seinem ganzen Reich schriftlich und mündlich verkünden:* 23 *So spricht Kyrus, der König von Persien: Der Herr, der Gott des Himmels, hat mir alle Reiche verliehen. Er selbst hat mir aufgetragen, ihm in Jerusalem in Juda ein Haus zu bauen. Jeder unter euch, der zu seinem Volk gehört – der Herr, sein Gott, sei mit ihm – , der soll hinaufziehen.*

Hintergrund

Die beiden Bücher der Chronik sind ursprünglich ein einziges Werk gewesen. Erst in der Septuaginta ist es zu einer Aufteilung in zwei Bände gekommen, die dann auch in die jüdische Bibel Eingang gefunden hat.

Die Chronik ist eine Darstellung der Menschheitsgeschichte, bis zu der Zeit, als durch das Kyrusprivileg in Jerusalem der Tempel wieder errichtet werden konnte. Strukturierungsprinzip des Buchs ist die Abfolge der jüdischen Könige. Drei Elemente sind bei der Beschreibung der Geschichte von Bedeutung: die Nennung von Stammfolgen und Abkommenschaften (Genealogie), die Nennung von Siedlungsgebieten (Geographie) und die Nennung von einzelnen historischen Ereignissen (Geschichte).

In der Königsgeschichte fällt auf, dass den beiden Königen David und Salomon ein so breiter Raum eingeräumt wird wie keinem anderen Kö-

nig. Offenkundig sind der Tempelgründer David und der Tempelerbauer Salomon überhaupt *das* Thema, und Tempel und Tempelkult ein Leitmotiv in der Chronik.
Von den Lesern der Chronik wird erwartet, dass sie sich mit der übrigen biblischen Literatur auskennen, denn nur dann sind die langen und ausführlichen Ahnenreihen, die zu Beginn des Buches im Kapitel 1 stehen, verständlich. Für Bibelkundige steht hinter fast jedem Namen eine Geschichte, für die Unkundigen ist sie nur eine lang(weilige) Aufzählung von irgendwelchen Namen.
Die gesamte Geschichte der Menschen wird als ein Beispiel dafür erzählt, dass sowohl der Einzelne wie auch die Gemeinschaft scheitern oder glücklich leben können. Wer Gott sucht, das tut, was in den Augen Gottes gerecht ist, dessen Leben gelingt, wer dagegen Gott verlässt, untreu wird und das Wort Gottes nicht beachtet, der muss scheitern. Die Geschichte wird Theo-logisch gedeutet, in ihr zeigt sich das Heilswirken Gottes.

Nachdenken

- Bitte blättern Sie in Ihrer Bibel die beiden Bücher der Chronik durch und lesen Sie dabei die Überschriften: Was fällt Ihnen auf?
- Welche Zeitspanne umfasst das Buch?
- Mit welcher Ihnen bekannten weltlichen Buchgattung könnte man dieses Buch vergleichen?
- Welches historische Ereignis wird in den letzten beiden Versen der Chronik erzählt?
- Aufgrund welcher Veranlassung wurde der Tempel in Jerusalem errichtet?
- Welche Teile dieser Verse sind historische Beschreibung, welche sind religiöse Deutung?

15. Die Psalmen, nur *ein* Buch?

Vordenken

Wer an Psalmen denkt, dem fällt selbstverständlich als erstes das Buch der Psalmen ein, eine Sammlung von 150 Psalmen, die gelegentlich auch als Psalmen Davids bezeichnet werden. Aber damit erschöpft sich nicht die Gattung im Alten Testament. Auch in anderen Büchern werden an besonders bedeutenden Stellen Psalmen verwendet (Ex 15, 1-18. Jona 2,3-10, Jdt 16, usw.). Und wenn man möchte, kann man mit guten Gründen sogar ein komplettes Buch als zweite Psalmensammlung bezeichnen: die Klagelieder.

Material

Ps 150

Halleluja!
Lobet Gott in seinem Heiligtum, / lobt ihn in seiner mächtigen Feste!
2 *Lobt ihn für seine großen Taten, / lobt ihn für seine gewaltige Größe!*
3 *Lobt ihn mit dem Schall der Hörner, / lobt ihn mit Harfe und Zither!*
4 *Lobt ihn mit Pauken und Tanz, / lobt ihn mit Flöten und Saitenspiel!*
5 *Lobt ihn mit hellen Zimbeln, / lobt ihn mit klingenden Zimbeln!*
6 *Alles, was atmet, / lobe den Herrn! Halleluja!*

Hintergrund

Der Name „Buch der Psalmen“ geht in der christlichen Tradition auf die Septuaginta zurück. Er bezieht sich darauf, dass in 57 Überschriften als Hinweis steht „Sprechgesang mit Saitenspielbegleitung (psalmos = griech. „Saiten spielen“). Im Judentum ist die Bezeichnung „Buch der Lobpreisungen“ üblich. Dieser Titel ist bereits in einem Qumranfragment aus dem 1. Jh. v. Chr. bezeugt. Durch die Bezeichnung als (Lob)Preisung soll ein theologischer Akzent gesetzt werden, unter dem man die Lieder lesen soll: Das Buch ist ein vielstimmiger Lobpreis auf Gott, der auch in der Not und der Klage entstehen kann und soll.

Die Datierung, wann das Buch der Psalmen seine Endgestalt erhalten hat, ist umstritten. Im Augenblick wird am häufigsten eine Zeit um 200 bis 150 v. Chr. vertreten. Es ist als persönliches Gebets- und Meditationsbuch verfasst, das einem Menschen, der mitten in Angst und Leid lebt, das menschliche Leben im Angesicht Gottes deutet und Hoffnung vermittelt. Gleichzeitig ist es ein Gotteslob, das auf das Wirken Gottes in der Welt antwortet.

Die Zuschreibung als „Psalmen Davids“, die in manchen Überschriften zu Beginn eines Psalms vorgenommen wird, ist kein Hinweis auf den wirklichen Autor. Sie ist sekundär, d.h. erst im Laufe der Geschichte hinzugefügt worden. Der König David ist das Idealbild des vor und mit Gott lebenden Israels. Wobei es nicht um den Helden und Krieger David geht, sondern um den Leidenden, Sünder und Büßer.

Die Psalmen enthalten alle menschlichen Gebetsformen, die man sich vorstellen kann: Bitte, Dank, Reflexion der eigenen Situation, Zeugnis, Lob und Klage. Sie sind damit auch heute noch für die Juden und Christen (im Stundengebet am deutlichsten praktiziert) *die* Gebetsform.

Nachdenken

- Der Psalm 150 ist der Abschluss des Psalmbuchs. Wie würden Sie diesen Psalm überschreiben?
- Wofür sollen die Menschen Gott loben? In dem Psalm werden Instrumente genannt: Welche Funktion kann die Liste der Instrumente haben? Wer soll Gott loben?
- Was für Gründe kann es gegeben haben, diesen kurzen Psalm an das Ende des Buchs zu stellen?

16. Biblische Redensarten Ps 69,2; 30-37

Vordenken

Die Bibel ist nicht nur Geschichtsschreibung und -deutung, Verkündigung und Prophezeiung, sondern sie ist im hohen Maße auch Poesie. Das Hohelied der Liebe und die Psalmen sind nur einige wenige, sehr bekannte Beispiel dafür. Mit schönen Worten und drastischen Bildern wird das menschliche Schicksal und das Heilswirken Gottes beschrieben.

Menschen befinden sich manchmal in ausweglosen Situationen, sie wissen nicht mehr ein noch aus. Das können Augenblicke sein, in denen man mit einem Bild beschreibt wie man sich fühlt: „Mir steht das Wasser bis zum Hals!"

Bitte nehmen Sie sich ein paar Minuten Zeit, darüber nachzudenken, in welchen Situationen Ihnen ‚das Wasser bis zum Hals' steht? Was sind dies für Situationen? Welche Gefühle entstehen dann in mir?

Material

Ps 69 2, 30-37

2 *Hilf mir, o Gott! Schon reicht mir das Wasser bis an die Kehle. […]* 30 *Ich aber bin*
elend und voller Schmerzen; doch deine Hilfe, o Gott, wird mich erhöhen. 31 *Ich will*
den Namen Gottes rühmen im Lied, in meinem Danklied preisen. 32 *Das gefällt*
dem Herrn mehr als ein Opferstier mehr als Rinder mit Hörnern und Klauen.
33 *Schaut her, ihr Gebeugten, und freut euch; ihr, die ihr Gott sucht: euer Herz lebe*
auf! 34 *Denn der Herr hört auf die Armen, er verachtet die Gefangenen nicht.*
35 *Himmel und Erde sollen ihn rühmen, die Meere und was sich in ihnen regt.*
36 *Denn Gott wird Zion retten, wird Judas Städte neu erbauen. Seine Knechte wer-*
den dort wohnen und das Land besitzen, 37 *ihre Nachkommen sollen es erben; wer*
seinen Namen liebt, soll darin wohnen.

Hintergrund

Die im Buch der Psalmen zusammengefassten ca. 150 Einzeltexte, deren Entstehung zwischen 200 und 150 v. Chr. angesetzt wird, lassen sich grob in drei oder vier unterschiedliche Gattungen einteilen: *Klage*psalmen (Beispiele: Ps 6; 13), *Bitt*psalmen (Beispiele: Ps 5; 17), Hymnen/*Lob*psalmen (Beispiele: Ps 113; 117) und die *Dank*psalmen (Beispiele: Ps 30; 116). Dabei ist die Unterscheidung zwischen Klage- und Bittpsalm umstritten, da die meisten der Klagelieder in eine ausgesprochene oder unausgesprochene Bitte münden.
Die Klagepsalmen beschreiben immer das persönliche Elend eines Beters, welches zugleich allgemein ist. Die Verfolgung durch Feinde ist nicht selten der einzig konkret genannte Aspekt des Leidens. Die Feinde erscheinen ebenfalls individuell und zugleich allgemein in einer Art Gegenwelt. Der Beter steht den vielen Feinden als Einzelner gegenüber. Der Konflikt ist immer auch eine Auseinandersetzung mit dem Verhältnis zu Gott. Der Beter steht dabei aber nicht einfach auf der Seite Gottes, sondern er kennt und benennt seine Unwürdigkeit und Sündhaftigkeit. Er rechnet fest mit der Hilfe Gottes, wissend, dass vor Gott einzig die Gerechtigkeit gilt.

Nachdenken

- Die Bibel verwendet das Bild des Ertrinkenden als Ausdruck höchster menschlicher Not. In Psalm 69 wird ein viel älteres Bild aufgegriffen: Der Mensch ruft in seiner Not zu Gott: „Hilf mir, o Gott! Schon reicht mir das Wasser bis an die Kehle. Ich bin in tiefem Schlamm versunken und habe keinen Halt mehr; ich geriet in tiefes Wasser, die Strömung reißt mich fort. Ich bin müde vom Rufen, meine Kehle ist heiser, mir versagen die Augen, während ich warte auf meinen Gott.“ Ungefähr 10 Verse später wird das Bild des Ertrinkenden noch einmal mit anderen Worten aufgegriffen.
- Und obwohl die menschliche Redensart in solchen Situationen keine Hoffnung mehr kennt, bezeugt der Psalm das Vertrauen in Gottes große Hilfe (Verse 30-39). Der Mensch weiß in seinem Gottvertrauen, dass Gott seinem Klagen und Hilfeschrei nicht un-

beteiligt gegenübersteht, sondern dass er sich dieses Menschen annimmt.

- In welchen Situationen war es mir nicht mehr möglich, aus einer Klage eine Bitte zu formulieren?
- In welchen ausweglos erscheinenden Situationen habe ich in mir noch einen Funken Hoffnung und Vertrauen gespürt?

17. Weisheit im Alten Testament

Vordenken

„Das ist aber nicht weise, was du gerade tust!“; „Das ist eine weise Entscheidung, die du gefällt hast!“ Menschen führen oft das Wort ‚Weisheit‘ in ihrer Rede. Aber was ist Weisheit, und vor allem, woran kann man die Weisheit im alltäglichen Leben erkennen? Das Alte Testament kennt als eigenständige Gattung eine Reihe von Büchern, die traditionell als „Weisheitsliteratur“ bezeichnet werden. In ihnen geht es um das rechte Wissen vom Leben, von der Kunst, Leben zu können.

Material

Weish 7,7-14

7 *Daher betete ich, und es wurde mir Klugheit gegeben; / ich flehte, und der Geist der Weisheit kam zu mir.*

8 *Ich zog sie Zeptern und Thronen vor, / Reichtum achtete ich für nichts im Vergleich mit ihr.*

9 *Keinen Edelstein stellte ich ihr gleich; / denn alles Gold erscheint neben ihr wie ein wenig Sand, / und Silber gilt ihr gegenüber soviel wie Lehm.*

10 *Ich liebte sie mehr als Gesundheit und Schönheit / und zog ihren Besitz dem Lichte vor; / denn niemals erlischt der Glanz, / der von ihr ausstrahlt.*

11 *Zugleich mit ihr kam alles Gute zu mir, / unzählbare Reichtümer waren in ihren Händen.*

12 *Ich freute mich über sie alle, / weil die Weisheit lehrt, sie richtig zu gebrauchen, / wusste aber nicht, dass sie auch deren Ursprung ist.*

13 *Uneigennützig lernte ich, und neidlos gebe ich weiter; / ihren Reichtum behalte ich nicht für mich.*

14 *Ein unerschöpflicher Schatz ist sie für die Menschen; / alle, die ihn erwerben, erlangen die Freundschaft Gottes. / Sie sind empfohlen durch die Gaben der Unterweisung*

Hintergrund

Die weisheitliche Theologie ist in der Art, wie sie dargeboten wird, sehr vielfältig. Angefangen von einfachen Verhaltensregeln, die vielleicht in Spruchform dargeboten werden („Wer eine Grube gräbt, fällt selber hinein.“ Spr 26,27a), über Lehrreden (Ijob 32-37), die entweder als Monolog oder als Dialog gestaltet werden, bis hin zu Lehrerzählungen, in denen an einer beispielhaften Szene das rechte oder falsche Verhalten mitsamt den Konsequenzen vorgestellt wird. Innerhalb der Lehrerzählungen gibt es dann noch einmal unterschiedliche Ausprägungen, in denen diese als Legende, als Novelle oder als Roman gestaltet werden.

Die Bedeutung für den christlichen Glauben ist nicht unumstritten. Vor allem von reformatorischer Seite werden Vorbehalte geäußert. Diese Vorbehalte machen sich vor allem daran fest, dass die Weisheit sehr profan sei, zu wenig Gottbezug habe, und dass vor allem der Tat-Folge-Zusammenhang zum Bereich des Gesetzes gehört, das Jesus und Paulus doch überwinden wollten. Und schließlich sind besonders Kohelet und Ijob Ausdruck des Scheiterns der Weisheit. Aber gegen diese muss man festhalten, dass a) in den ersten Jesusüberlieferungen dieser selbst als Weisheitslehrer dargestellt wird (Mk 2,17b), b) Lukas Jesus als Boten und Personifikation der Weisheit beschreibt und c) selbst Paulus in seiner Christologie Jesus als ‚Weisheit Gottes‘ thematisiert, die im Gegensatz zu einer Weisheit der Welt steht (1 Kor 1-3).

Das Buch der Weisheit, auch ‚Weisheit Salomons‘ genannt, ist das späteste Buch des Alten Testaments. Es ist ursprünglich in Griechisch verfasst worden, d.h. es gab keine hebräische oder aramäische Vorlage. Es wird in der Zeit um 30 v. Chr. angesiedelt. Die Zuordnung zu Salomon, der im Mittelteil des Buches das Wort ergreift, ist nicht auf dessen tatsächliche Autorenschaft zurückzuführen, was schon Hieronymus und Augustinus bezweifelt haben, sondern ist der Versuch, diesem Text ein besonderes Gewicht zu geben und ihn in bestimmte Traditionen zu stellen. Gegliedert in drei große Teile, kreist das Buch um die Frage, wie das jüdische Leben in der Diaspora gelingen kann. Der ersten Teil (Kapitel 1 bis 6,21) behandelt die Frage, wie man in einer nach Profit und ohne soziale Verpflichtung ausgerichteten Welt gerecht leben kann. Dies ist ein Konflikt, der sich auch innerhalb der Gemeinde abspielt, wenn es um die Frage geht, ob man sich diesen Gesetzmäßigkeiten anpassen oder ihnen widerstehen soll. Im zweiten Teil (6,22- 11,1) geht es darum, wie man auf die hellenistische Philosophie, Literatur und Religion reagieren soll. Im dritten und letzten Teil (11,2 bis 19,22) geht es um eine Erinnerung an die Zeit in Ägypten und den Exodus.

Nachdenken

- Welches Gegensatzpaar beherrscht diesen Abschnitt?
- Erstellen Sie eine Rangfolge der erstrebenswerten Güter. Was steht an erster, was an letzter Stelle?
- Was könnte der Grund innerhalb der Gemeinde gewesen sein, eine solche Mahnrede zu verfassen?
- Welche Überschrift würden Sie diesem Abschnitt geben?

18. Von der e-Mail zum biblischen Brief

Vordenken

Heute gibt es ganz verschiedene Wege, einem Menschen eine Nachricht zukommen zu lassen. Seit der Erfindung des Telefons ist der Brief nicht mehr die einzige Kommunikationsmöglichkeit zwischen zwei entfernt weilenden Menschen. Und seit der Einführung des Internets mit seinen vielfältigen Diensten ist es möglich, elektronische Briefe innerhalb kürzester Zeit rund um die Welt zu schicken. Und wie bei einem „echten Brief" können Bilder etc. beigelegt werden.
Die Einsatzmöglichkeiten einer e-Mail sind vielfältig. Sie können sowohl als Rundbriefe an mehrere Empfänger gleichzeitig verschickt werden, wenn man z.B. vor Computer-Viren warnen und diese Nachricht möglichst schnell verbreiten will. Man kann sie auch als schriftlichen Dialog, der nur zwischen zwei Menschen stattfindet, verwenden. Im Unterschied zum antiken Brief sind e-Mails wesentlich schneller (wenige Minuten bis einige Stunden) und wahrscheinlich auch preiswerter zu versenden.

Material

Röm 1,1a.7; 1 Kor 1,1-2; Phil 1,1; Tit 1,1a.4; Jak 1,1; 3 Joh 1-2

1 Paulus [...]. 7An alle in Rom, die von Gott geliebt sind, die berufenen Heiligen: Gnade sei mit euch und der Friede von Gott, unserem Vater, und dem Herrn Jesus Christus.

1 Paulus, durch Gottes Willen berufener Apostel Christi Jesu, und der Bruder Sosthenes, 2an die Kirche Gottes, die in Korinth ist.

1 Paulus und Timotheus, Knechte Christi Jesu, an alle Heiligen in Christus Jesus, die in Philippi sind, mit ihren Bischöfen und Diakonen.

1 Paulus[...] 4An Titus, seinen echten Sohn aufgrund des gemeinsamen Glaubens: Gnade und Friede von Gott, dem Vater, und Christus Jesus, unserem Retter.

[1] *Jakobus, Knecht Gottes und Jesu Christi, des Herrn, grüßt die zwölf Stämme, die in der Zerstreuung leben.*

[1] *Der Älteste an den geliebten Gaius, den ich in der Wahrheit liebe.* [2] *Lieber Bruder, ich wünsche dir in jeder Hinsicht Wohlergehen und Gesundheit, so wie es deiner Seele wohl ergeht.*

Hintergrund

Die oben vorgestellten Texte sind Anfänge von ausgewählten neutestamentlichen Briefen.

Sie wurden entweder an Einzelne oder ganze Gemeinden, die Paulus beispielsweise nach dem Ort benennt, an dem sie leben, geschrieben. Die Orte, an die Paulus schreibt, geben einen Überblick über den geographischen Raum der Paulus-Mission. Die Briefe sind nicht an die „politische" Gemeinde geschrieben, sondern an die Christen.

Bei den Paulusbriefen sind die Briefe an Titus und Timotheus noch einmal ein besonderer Fall, weil hier die beiden Adressaten als Gemeindeleiter angesprochen werden.

Bei den nicht-paulinischen Briefen sind die Adressaten weniger deutlich zu erkennen. Während man aus einigen Paulusbriefen sehr genaue Informationen über die einzelnen Gemeinden und deren Strukturen und Probleme entnehmen kann, sind die „Katholischen[6] Briefe" entweder ohne Adressaten-Angabe, oder aber sie sind sehr allgemein (‚die zwölf Stämme, die in der Verstreuung leben') gehalten. Diese Briefe sprechen viel direkter die Leser der Bibel an, sie sind in ihren Inhalten so allgemein gehalten, dass der Bezug zum Leben und Glauben des Lesers/der Leserin wesentlich leichter hergestellt werden kann.

6 Katholisch ist hier nicht als konfessionelle Bezeichnung gemeint, sondern im wörtlichen Sinn als „Allgemeine Briefe" zu verstehen.

Nachdenken

- In welchen Situationen schreibe ich gewöhnlich einen Brief?
- Wodurch unterscheiden sich ein offizieller und ein privater Brief voneinander?
- Wie stellen Sie sich die Verbreitung der Briefe in den christlichen Gemeinden vor?
- In der katholischen Kirche haben sogenannte Hirtenworte, Briefe der Bischöfe an die Gemeinden, auch heute noch eine Bedeutung. Wo gibt es Gemeinsamkeiten, wo Unterschiede zu den biblischen Briefen?

19. Briefe in der Bibel

Vordenken

Der Brief ist keine ausschließlich neutestamentliche Form, er wird auch im Alten Testament verwendet: 2 Sam 11,14; 2 Kön 10,1; 2 Chr 21,12; 2 Kön 5,5; Jer 29, Baruch 1,10; Est 9,20 usw.
Sie haben dort unterschiedliche Funktionen: Empfehlungsschreiben, Drohbriefe, Ermahnungen, Unterstützungen.

Material

Jer 29, 1-5, 10

*Das ist der Wortlaut des Briefes, den der Prophet Jeremias aus Jerusalem an den
Rest der Ältesten der Gemeinde der Verbannten sandte, an die Priester, Propheten
und das ganze Volk, das Nebukadnezzar von Jerusalem nach Babel verschleppt
hatte, [2]nachdem der König Jojachim, die Herrin, die Hofbeamten, die Großen von
Juda und Jerusalem sowie die Schmiede und Schlosser aus Jerusalem fortgezogen
waren; [3]er schickte den Brief durch Elasa, den Sohn Schafans, und Gemarja, den
Sohn Hilkijas, die Zidkija, der König von Juda, nach Babel zu Nebukadnezzar,
dem König von Babel, sandte: [4]So spricht der Herr der Heere. Der Gott Israels, zur
ganzen Gemeinde der Verbannten, die ich von Jerusalem nach Babel weggeführt
habe: [5]Baut Häuser, und wohnt darin, pflanzt Gärten, und esst ihre Früchte! [...]
[10]Ja, so spricht der Herr: Wenn siebzig Jahre für Babel vorüber sind, dann werde
ich nach euch sehen, mein Heilswort an euch erfüllen und euch an diesen Ort zu-
rückführen.*

Hintergrund

Das Buch Jeremias hat für die jüdische Geschichte eine besondere Bedeutung. Es ist den prophetischen Büchern zuzuzählen. Es ist sowohl im Aufbau wie auch in seiner Entstehungsgeschichte des Gesamtbuches wie der Einzelteile kompliziert und unklar. In der jetzt vorliegenden Version ist es der Versuch, den Juden eine theologische Antwort auf die Frage zu geben, warum sie das Exil erleiden mussten: Das Exil

war Gottes Antwort auf das fortwährende Sündigen des Volkes. Gott musste das Volk aus dem Land vertreiben, das er den Vätern übergeben hatte, weil es ständig, und trotz unermüdlicher Warnungen durch die Propheten, gegen das Gesetz verstoßen hat.
Zusammengesetzt aus verschiedenen Einzelteilen, die alle für sich beurteilt, bearbeitet und erweitert werden müssen, ist es einer der komplizierteren Teile des Alten Testamentes, welches aber bis in unsere Zeit, bedingt durch Shoa und Vernichtung, bei den Juden eine aktuelle Bedeutung behalten hat.
Ein länger zusammenhängendes Stück stellen in diesem Buch die Kapitel 27 bis 29 dar, die mit dem oben in Auszügen zitierten Brief beendet werden. Der Prophet ist in Jerusalem zurückgeblieben und schreibt von dort aus an die Gemeinde und die Ältesten der Gemeinden, die ins Exil verschleppt wurden.

Nachdenken

- Vergleichen Sie den Brief des Jeremia mit den im vorigen Kapitel zitierten Briefanfängen. Was sind die Gemeinsamkeiten?
- Was sind die Unterschiede?
- Wer ist der „Sprecher“ in dem Brief?
- Wenn Sie den ganzen Brief gelesen haben: Welche Funktion hat dieser Brief?

20. Der antike Brief

Vordenken

Wer einen Brief schreibt, der muss sich in den meisten Fällen Gedanken darüber machen, was er alles in diesem Brief schreiben und wie er es anordnen will usw. Dies ist vor allem davon abhängig, warum man einen Brief schreibt. In der Antike unterscheidet man verschiedene Arten von Briefen: Freundschaftsbriefe, Familienbriefe, Briefe, die loben oder tadeln, ermahnende Briefe, Empfehlungsbriefe oder apologetische Briefe[7]. Und je nach Briefart wird die Form, der Inhalt und die Sprache des Briefes unterschiedlich aussehen.

Material

Der Brief an Philemon

[1]Paulus, Gefangener Christi Jesu, und der Bruder Timotheus an unseren geliebten Mitarbeiter Philemon, [2]an die Schwester Aphia, an Archippus, unseren Mitstreiter, und an die Gemeinde in deinem Haus: [3]Gnade sei mit euch und Friede von Gott, unserem Vater, und dem Herrn Jesus Christus. [4]Ich danke meinem Gott jedesmal, wenn ich in meinen Gebeten an dich denke. [5]Denn ich höre von deinem Glauben an Jesus, den Herrn, und von deiner Liebe zu allen Heiligen. [6]Ich wünsche, dass unser gemeinsamer Glaube in dir wirkt und du all das Gute in uns erkennst, das auf Christus gerichtet ist. [7]Es hat mir viel Freude und Trost bereitet, dass durch dich, Bruder, und durch deine Liebe die Heiligen ermutigt worden sind. [8]Obwohl ich durch Christus volle Freiheit habe, dir zu befehlen, was du tun sollst, [9]ziehe ich es um der Liebe willen vor, dich zu bitten. Ich, Paulus, ein alter Mann, der jetzt für Christus Jesus im Kerker liegt, [10]ich bitte dich für mein Kind Onesimus, dem ich im Gefängnis zum Vater geworden bin. [11]Früher konntest du ihn zu nichts gebrauchen, doch jetzt ist er dir und mir recht nützlich. [12]Ich schicke ihn zu dir zurück, ihn, das bedeutet mein eigenes Herz. [13]Ich würde ihn gern bei mir behalten, damit er mir an deiner Stelle dient, solange ich um des Evangeliums willen im Ge-

7 Diese von S.W. Stowers ist nur eine der möglichen Unterteilungen von antiken Briefen.

fängnis bin. [14]Aber ohne deine Zustimmung wollte ich nichts tun. Deine gute Tat
soll nicht erzwungen, sondern freiwillig sein. [15]Denn vielleicht wurde er nur des-
halb eine Weile von dir getrennt, damit du ihn für ewig zurückerhältst, [16]nicht
mehr als Sklaven, sondern als weit mehr: als geliebten Bruder. Das ist er jedenfalls
für mich, um wieviel mehr dann für dich, als Mensch und auch vor dem Herrn.
[17]Wenn du dich mir verbunden fühlst, dann nimm ihn also auf wie mich selbst!
[18]Wenn er dich aber geschädigt hat oder dir etwas schuldet, setz das auf meine
Rechnung! [19]Ich, Paulus, schreibe mit eigener Hand: Ich werde es bezahlen – um
nicht davon zu reden, dass du dich selbst mir schuldest. [20]Ja, Bruder, um des Herrn
willen möchte ich von dir einen Nutzen haben. Erfreue mein Herz; wir gehören bei-
de zu Christus. [21]Ich schreibe dir im Vertrauen auf deinen Gehorsam und weiß,
dass du noch mehr tun wirst, als ich gesagt habe. [22]Bereite zugleich eine Unter-
kunft für mich vor! Denn ich hoffe, dass ich euch durch eure Gebete wiederge-
schenkt werde. [23]Es grüßen dich Epaphras, der mit mir um Christi Jesu willen im
Gefängnis ist, [24]sowie Markus, Aristarch, Demas und Lukas, meine Mitarbeiter.
[25]Die Gnade Jesu Christi, des Herrn, sei mit eurem Geist!

Hintergrund

Die antiken Briefe sind in der Regel nach einem dreiteiligen Schema aufgebaut. Der Briefkopf (= Präskript) nennt Absender, Empfänger und enthält einen Gruß, der Hauptteil (= Briefkorpus) behandelt das eigentliche Anliegen des Briefs und in dem Postskipt (= Briefschluss) werden Grüße übermittelt.

Zwischen dem Briefkopf und dem Hauptteil werden in der Antike gern Übergangsformulierungen, die die Verbundenheit und Beziehung zwischen dem Autor und den Lesern ausdrücken, eingebaut. Der Aufbau des Hauptteils ist, anders als der Briefkopf, wenig reglementiert, bei sehr langen Briefen allerdings würde man Gliederungselemente einbauen. Ebenso frei ist man in der Gestaltung des Briefschlusses. Neben Grüßen und Wünschen kann er auch noch Ermahnungen oder persönliche Mitteilungen enthalten.

Der oben vorgestellte Philemon-Brief ist ein gutes Beispiel – sowohl in Länge als auch in Inhalt – für einen antiken Brief. Paulus sitzt (vermutlich in Ephesus) im Gefängnis und schreibt von dort einen Brief an Philemon, der in Kolossä wohnt. Er gibt den Brief dem Sklaven Onesimus mit nach Kolossä, wo er seinem Herrn Philemon den Brief überreichen soll.

Nachdenken

- Bitte lesen Sie den Brief einmal komplett. Um welche Art von Brief handelt es sich hierbei?
- Markieren sie jeweils in einer unterschiedlichen Farbe das Präskript, den Briefkorpus und das Postskript. Was ist der Inhalt dieses Briefes?

21. Paulusbriefe und ihre Reihenfolge

Vordenken

Wenn man als Sammler seine Sammlung, seien es Briefmarken, Postkarten, Bierdeckel oder einfach nur Urlaubsfotos aufbewahrt, dann stellt sich immer die Frage, nach welchem Kriterium die Sammelgegenstände archiviert werden sollen. Man kann die Gegenstände thematisch ordnen oder chronologisch, oder nach Größe und Farbe. Und ganz gleich, wie man die Sammlung anordnet, jede Ordnung ermöglicht einen besonderen Blick auf die gesammelten Gegenstände, und zugleich erschwert sie andere Perspektiven.

Material

Vergleich Anordnung der neutestamentlichen Schriften

Lutherbibel	**Einheitsübersetzung**
Geschichtsbücher	*Die Evangelien*
Das Evangelium nach Matthäus	*Das Evangelium nach Matthäus*
Das Evangelium nach Markus	*Das Evangelium nach Markus*
Das Evangelium nach Lukas	*Das Evangelium nach Lukas*
Das Evangelium nach Johannes	*Das Evangelium nach Johannes*
Die Apostelgeschichte nach Lukas	*Die Apostelgeschichte*
Briefe	**Die paulinischen Briefe**
Der Brief des Paulus an die Römer	*Der Brief an die Römer*
Der erste Brief des Paulus an die Korinther	*Der erste Brief an die Korinther*
Der zweite Brief des Paulus an die Korinther	*Der zweite Brief an die Korinther*
Der Brief des Paulus an die Galater	*Der Brief an die Galater*
Der Brief des Paulus an die Epheser	*Der Brief an die Epheser*
Der Brief des Paulus an die Philipper	*Der Brief an die Philipper*
Der Brief des Paulus an die Kolosser	*Der Brief an die Kolosser*
Der erste Brief des Paulus an die Thessalonicher	*Der erste Brief an die Thessalonicher*

Der zweite Brief des Paulus an die Thessalonicher	*Der zweite Brief an die Thessalonicher*
	Die Pastoralbriefe
Der erste Brief des Paulus an Timotheus	*Der erste Brief an Timotheus*
Der zweite Brief des Paulus an Timotheus	*Der zweite Brief an Timotheus*
Der Brief des Paulus an Titus	*Der Brief an Titus*
Der Brief des Paulus an Philemon	*Der Brief an Philemon*
Der erste Brief des Petrus	*Der Brief an die Hebräer*
	Die Katholischen Briefe
Der zweite Brief des Petrus	*Der Brief des Jakobus*
Der erste Brief des Johannes	*Der erste Brief des Petrus*
Der zweite Brief des Johannes	*Der zweite Brief des Petrus*
Der dritte Brief des Johannes	*Der erste Brief des Johannes*
Der Brief an die Hebräer	*Der zweite Brief des Johannes*
Der Brief des Jakobus	*Der dritte Brief des Johannes*
Der Brief des Judas	*Der Brief des Judas*
Prophetisches Buch	
Die Offenbarung des Johannes	*Die Offenbarung des Johannes*

Hintergrund

Die Anordnung der neutestamentlichen Texte in der Bibel ist nicht nach chronologischen Gesichtspunkten geschehen. Denn dann hätte an erster Stelle – als ältester kompletter Text – der erste Brief des Paulus an die Thessalonicher stehen müssen. Aber auch innerhalb der Paulinischen Briefsammlung, die der Apostelgeschichte nachfolgt, ist nicht das Abfassungsdatum jenes Kriterium gewesen, nach dem die Briefe angeordnet wurden. Vielmehr wurden die Paulusbriefe in zwei Gruppen unterteilt: die Briefe an Gemeinden und die Briefe an Einzelpersonen[8]. Innerhalb der Gruppen werden dann die Briefe dem Umfang entsprechend angeordnet. Dieses Prinzip findet sich sowohl in Handschriften (um 200 n. Chr.) wie auch in Pergamentkodizes aus dem 4. und 5. Jahrhundert.

Neben einer chronologischen Anordnung könnte bei den Paulus-Briefen auch noch die Verfasserschaft der Briefe ein Kriterium sein: Die Briefe, bei denen die Verfasserschaft des Paulus unumstritten ist (Röm, 1 Kor, 2 Kor, Gal, Phil, 1 Thess und Phil), würden in einer Gruppe zusammengefasst, die Briefe, deren Verfasserschaft umstritten ist (Eph, Kol und 2 Thess), in einer zweiten, und schließlich jene, deren paulinische Autorenschaft bestritten würde, in einer dritten Gruppe.

Nachdenken

- Vergleichen Sie die beiden Inhaltsverzeichnisse: Wo gibt es Überschneidungen, wo Unterschiede?
- Welche Bedeutung haben für Sie die Zwischenüberschriften?
- Erstellen Sie mit Hilfe der Zeittafel am Ende des Buches ein chronologisches Inhaltsverzeichnis für das Neue Testament. Welches der drei Inhaltsverzeichnisse erscheint Ihnen am sinnvollsten?

---

8 Eine Ausnahme bildet der Hebräerbrief (ohne Absenderangabe), der schon in den griechischen Handschriften zu den Paulusbriefen gehört und (der Länge entsprechend) entweder zwischen Röm und 1 Kor, zwischen den Gemeindebriefen und den Briefen an Einzelpersonen, oder in späteren Handschriften an das Ende der Sammlung der Paulus-Briefe gesetzt wird. Durch die Anordnung (beispielsweise bei Luther) wird die historische und theologische Bewertung des Briefes deutlich.

22. Katholische Briefe – nur für Katholiken?

Vordenken

Die Bezeichnung „Katholische Briefe“ für die dritte große Briefgruppe im Neuen Testament ist in unserem heutigen Sprachgebrauch irritierend, zumal sie so auch nur in der Einheitsübersetzung verwendet wird. Sie hat – zu Unrecht – einen konfessionellen Beigeschmack.

Material

Jakobus-Brief 1, 1-5, 19-23; 2, 1-17

1 [1]*Jakobus, Knecht Gottes und Jesu Christi, des Herrn, grüßt die zwölf Stämme,
die in der Zerstreuung leben. [2]Seid voll Freude, meine Brüder, wenn ihr in man-
cherlei Versuchungen geratet. [3]Ihr wisst, daß die Prüfung eures Glaubens Ausdau-
er bewirkt. [4]Die Ausdauer aber soll zu einem vollendeten Werk führen; denn so
werdet ihr vollendet und untadelig sein, es wird euch nichts mehr fehlen.
[...][19]Denkt daran, meine geliebten Brüder: Jeder Mensch soll schnell bereit sein zu
hören, aber zurückhaltend im Reden und nicht schnell zum Zorn bereit; [20]denn im
Zorn tut der Mensch nicht das, was vor Gott recht ist. [21]Darum legt alles Schmut-
zige und Böse ab, seid sanftmütig und nehmt euch das Wort zu Herzen, das in
euch eingepflanzt worden ist und das die Macht hat, euch zu retten. [22]Hört das
Wort nicht nur an, sondern handelt danach; sonst betrügt ihr euch selbst. [23]Wer
das Wort nur hört, aber nicht danach handelt, ist wie ein Mensch, der sein eige-
nes Gesicht im Spiegel betrachtet. [...]
2 [1]Meine Brüder, haltet den Glauben an unseren Herrn Jesus Christus, den Herrn
der Herrlichkeit, frei von jedem Ansehen der Person. [2]Wenn in eure Versammlung
ein Mann mit goldenen Ringen und prächtiger Kleidung kommt, und zugleich
kommt ein Armer in schmutziger Kleidung, [3]und ihr blickt auf den Mann in der
prächtigen Kleidung und sagt: Setz dich hier auf den guten Platz!, und zu dem Ar-
men sagt ihr: Du kannst dort stehen!, oder: Setz dich zu meinen Füßen! – [4]macht
ihr dann nicht untereinander Unterschiede und fällt Urteile aufgrund verwerf-
licher Überlegungen? [5]Hört, meine geliebten Brüder: Hat Gott nicht die Armen in
der Welt auserwählt, um sie durch den Glauben reich und zu Erben des Königreichs*

zu machen, das er denen verheißen hat, die ihn lieben? [6]Ihr aber verachtet den Armen. Sind es nicht die Reichen, die euch unterdrücken und euch vor die Gerichte schleppen? [7]Sind nicht sie es, die den hohen Namen lästern, der über euch ausgerufen worden ist? [8]Wenn ihr dagegen nach dem Wort der Schrift: Du sollst deinen Nächsten lieben wie dich selbst! das königliche Gesetz erfüllt, dann handelt ihr recht. [9]Wenn ihr aber nach dem Ansehen der Person urteilt, begeht ihr eine Sünde, und aus dem Gesetz selbst wird offenbar, daß ihr es übertreten habt. [10]Wer das ganze Gesetz hält und nur gegen ein einziges Gebot verstößt, der hat sich gegen alle verfehlt. [11]Denn er, der gesagt hat: Du sollst nicht die Ehe brechen!, hat auch gesagt: Du sollst nicht töten! Wenn du nicht die Ehe brichst, aber tötest, hast du das Gesetz übertreten. [12]Darum redet und handelt wie Menschen, die nach dem Gesetz der Freiheit gerichtet werden. [13]Denn das Gericht ist erbarmungslos gegen den, der kein Erbarmen gezeigt hat. Barmherzigkeit aber triumphiert über das Gericht. [14]Meine Brüder, was nützt es, wenn einer sagt, er habe Glauben, aber es fehlen die Werke? Kann etwa der Glaube ihn retten? [15]Wenn ein Bruder oder eine Schwester ohne Kleidung ist und ohne das tägliche Brot [16]und einer von euch zu ihnen sagt: Geht in Frieden, wärmt und sättigt euch!, ihr gebt ihnen aber nicht, was sie zum Leben brauchen – was nützt das? [17]So ist auch der Glaube für sich allein tot, wenn er nicht Werke vorzuweisen hat.

Hintergrund

Der Verfasser des Briefes stellt sich selbst als Jakobus vor und beansprucht damit die Autorität des Herrenbruders, des Leiters der Jerusalemer Urgemeinde, für sich. Er ist aber ein uns nicht näher bekannter christlicher Autor aus dem 1. Jahrhundert nach Chr. Als Empfänger werden allgemein die „zwölf Stämme", die in der Diaspora leben, genannt. Damit wird das jüdische Bild der „Zwölf Stämme Israels" als Bezeichnung für das ganze Judentum, und hier des Christentums aufgenommen, die allerdings über die ganze Welt zerstreut sind. Auch wenn dieser Brief an das ganze Gottesvolk gerichtet ist, geht er auf sehr konkrete Probleme innerhalb der Gemeinde ein: auf innere und äußere Spannungen. Im Mittelpunkt steht die Erinnerung, dass die Praxis in der Gemeinde und der Glaube miteinander übereinstimmen müssen.

Nachdenken

- An wen ist dieser Brief gerichtet?
- Was bedeutet in diesem Zusammenhang „Katholisch"? Nutzen Sie für diese Frage u.U. ein Herkunftswörterbuch.
- Welche konkreten Probleme innerhalb der Gemeinde kommen in diesem Briefausschnitt zur Sprache?

23. Die Evangelien

Vordenken

Heute ist der Begriff ‚Evangelium' allgemein eine Gattungsbezeichnung: die ersten vier Bücher des Neuen Testaments, und unter Umständen einige apokryphe Texte werden als Evangelien bezeichnet. Der ursprüngliche Hintergrund des griechischen Begriffs Evangelium ist umstritten. Zwei Quellen sind möglich: ein alttestamentlich-jüdischer, in dem es als Verb („das endzeitliche Heil ansagen") verwendet wird, oder aus dem hellenistischen Kontext im Rahmen der Kaiserverehrung.

Material

Mk 1,1; 1,14; 8,35; 10,29; 13,10; 14,9.

1 [1]*Anfang des Evangeliums von Jesus Christus, dem Sohn Gottes:*
1 [14]*Nachdem man Johannes ins Gefängnis geworfen hatte, ging Jesus wieder nach Galiläa; er verkündete das Evangelium Gottes.*
8 [35]*Denn wer sein Leben retten will, wird es verlieren; wer aber sein Leben um meinetwillen und um des Evangeliums willen verliert, wird es retten.*
10 [29]*Jesus antwortete: Amen, ich sage euch: Jeder, der um meinetwillen und um des Evangeliums willen Haus oder Brüder, Schwestern, Mutter, Vater, Kinder oder Äcker verlassen hat, …*
13 [10]*Vor dem Ende aber muss allen Völkern das Evangelium verkündet werden.*
14 [9]*Amen, ich sage euch: Überall auf der Welt, wo das Evangelium verkündet wird, wird man sich an sie [die Frau aus Betanien mit dem Salböl] erinnern und erzählen, was sie getan hat.*

Hintergrund

Der Evangelist Markus, der das älteste „Evangelium" geschrieben hat, führte den Begriff Evangelium als Gattungsbezeichnung ein. Er beginnt seinen Text mit der Nennung dieses Begriffs. Insgesamt sieben Mal verwendet er den Begriff Evangelium (auf deutsch: Gute oder

Frohe Botschaft), wobei man immer ergänzen kann „von Gott" oder „von Jesus Christus".
Für Markus ist der Begriff in einer sonderbaren Doppelung vorhanden. Zum einen sind der Inhalt der „Frohen Botschaft" die Taten und Worte Jesu, zum anderen ist Jesus der Repräsentant der Frohen Botschaft.

Nachdenken

- Mit welchen Beifügungen wird in den Texten oben das Wort „Evangelium" versehen?
- Lesen Sie die sechs Ausschnitte, und ersetzen Sie dabei das „Evangelium" durch „Gute Botschaft" oder „Frohe Botschaft". Was verändert sich für Sie dadurch?
- In welcher Beziehung stehen Jesus und das Evangelium zueinander?

24. Markus & Co. KG

Vordenken

Solange die Leserinnen und Leser davon ausgingen (und teilweise heute auch noch davon ausgehen), dass die Verfasser der Evangelien Augenzeugen des Lebens Jesu waren, war es kein Problem, dass es zwischen drei Evangelien sowohl sehr große Überschneidungen wie auch Unterschiede gibt. Die Evangelisten haben das, was sie erlebt haben, aufgeschrieben, und da ist es selbstverständlich, dass es weitgehende Überschneidungen, aber auch Unterschiede geben kann. Erst mit dem Beginn der „modernen Exegese“, die u.a. entdeckte, dass die Evangelien viel später als ein Großteil der Briefe entstanden waren und kaum von Augenzeugen verfaßt sein konnten, wurden die Übereinstimmungen und Unterschiede zwischen Mt, Mk und Lk zu einer wirklichen Frage.
In einer Synopse (griech. = „Zusammenschau“) vergleicht man die drei Evangelien miteinander, um die Gemeinsamkeiten und die Unterschiede herauszuarbeiten.

Material

Mt 8,18.23-27; Mk 4,35-41; Lk 8,22-25 (Übersetzung F.J. Schierse)

Mt 8,18.23-27	Mk 4,35-41	Lk 8,22-25
[18] *Als aber Jesus eine Volksschar um sich sah, befahl er, wegzufahren ans jenseitige Ufer.*	[35] *Und er sagte ihnen an jenem Tage, als es Abend geworden war: Fahren wir hinüber ans jenseitige Ufer!*	
[23] *Und ihm, der ins Boot stieg, ihm folgten seine Jünger.*	[36] *Und sie lassen die Volksschar stehen und nehmen ihn, wie er war, im Boot mit, und andere Boote waren mit ihm.*	[22] *Es geschah aber an einem der Tage, und er selbst stieg ins Boot und seine Jünger, und er sprach zu ihnen: Fahren wir hinüber ans jenseitige*

Mt 8,18.23-27	Mk 4,35-41	Lk 8,22-25
		Ufer des Sees! Und sie liefen aus. [23]Während sie aber (im Boot) dahinfuhren, schlief er ein.
[24]Und siehe, ein gewaltiges Beben geschah im Meer, so dass das Boot bedeckt wurde von den Wellen. Er selbst aber schlief.	[37]Und es geschieht ein gewaltiger Sturmwind, und die Wellen warfen sich auf das Boot, so dass schon vollschlug das Boot. Und er selbst war im Heck, auf dem Kopfkissen schlafend.	Und es fiel ein Sturmwind ein auf den See und sie liefen voll und gerieten in Gefahr.
[25]Und sie traten herzu und weckten ihn, indem sie sagten: Herr rette (uns), wir gehen zugrunde!	Und sie weckten ihn und sagten ihm: Lehrer, liegt dir nichts daran, dass wir zugrunde gehen?	[24]Sie traten aber herzu und weckten ihn auf, indem sie sagten. Meister, Meister wir gehen zugrunde!
[26]Und er sagte ihnen: Was seid ihr verzagt, (ihr) Kleingläubigen!		
Dann stand er auf, drohte den Winden und dem Meer, und es geschah gewaltige Stille.	[39]Und (vom Schlaf) erwacht, drohte er dem Wind und sprach zum Meer: Schweig! Verstumme! Und es legte sich der Wind, und es geschah gewaltige Stille.	Der aber (vom Schlaf) erwachte, drohte dem Wind und dem Gewoge des Wassers: und sie beruhigten sich. Und es geschah Stille.
	[40]Und er sprach (zu) ihnen: Was seid ihr so verzagt? Wie? Habt ihr keinen Glauben?	[25]Er sprach aber (zu) ihnen: Wo (ist) euer Glaube?

Mt 8,18.23-27	Mk 4,35-41	Lk 8,22-25
[27]*Die Menschen aber wunderten sich, indem sie sagten: Was für einer ist dieser, dass sogar die Winde und das Meer ihm gehorchen?*	[41]*Sie überkam Furcht, gewaltige Furcht, und sagten zueinander: Wer ist denn dieser, dass sogar der Wind und das Meer gehorchen ihm?*	*Sie aber überkam Furcht, und sie wunderten sich, indem sie zueinander sagten: Wer ist denn dieser, dass sogar den Winden er gebieten und dem Wasser, und sie gehorchen ihm?*

Hintergrund

Die einzelnen Evangelien sind von unterschiedlichem Umfang. Während Markus nur 661 Verse hat, hat Matthäus 1060 und Lukas sogar 1149 Verse. In einer Synopse kann man die Verse miteinander vergleichen, um Überschneidungen und Unterschiede (auch ‚Sondergut' genannt) festzustellen.

Ein solcher Vergleich, und die Angabe in Versen, wie sie in der folgenden Tabelle gemacht wird, kann immer nur annähernd genau sein, weil manche Verse nur zum Teil übereinstimmen. Hier ist dann die Frage, ob der ganze Vers als Übereinstimmung gezählt werden soll.

	Markus	Matthäus	Lukas
Mk hat gemeinsam mit ...	35 Sondergut	etwa 600 Verse	etwa 350 Verse
Mt hat gemeinsam mit ...	etwa 600 Verse	350 Sondergut	etwa 240 Verse
Lk hat gemeinsam mit ...	etwa 350 Verse	etwa 240 Verse	548 Sondergut

Selbst in den Wortlaut hinein gibt es Übereinstimmungen (beispielsweise: Mk 2,13-17, Mt 9,9-13 und Lk 5,27-32). Aber trotz alledem gibt es an einigen wichtigen Stellen auch Unterschiede. So kommt das Va-

terunser bei Matthäus und Lukas vor, allerdings mit verschiedenem Wortlaut (Mt 6,9-13; Lk 11,2-4), die Worte zur Eucharistie kommen in allen drei Evangelien unterschiedlich vor (Mk 14,22-25; Mt 26,26-29 und Lk 22,19-20) und auch die Worte am Kreuz werden von den Synoptikern unterschiedlich überliefert (Mk 15,34; Mt 27,46 und Lk 23,34.43.46). Diese Ergebnisse werfen die *Synoptische Frage* auf: Wie kann man die auffälligen Gemeinsamkeiten und Unterschiede in den drei Evangelien erklären?
Erst seit der Mitte des 18. Jahrhunderts hat man sich intensiv mit dieser Frage beschäftigt. Im Laufe der Zeit sind unterschiedliche Hypothesen entstanden, von denen im Augenblick (mit leichten Variationen) die *Zweiquellentheorie* als Antwort angesehen wird. Sie geht – vereinfacht gesagt - davon aus, dass die drei Evangelien in einer literarischen Abhängigkeit voneinander entstanden sind. So hat Markus für Matthäus und Lukas als eine Quelle gedient. Sie erweitern aber Markus aus einer weiteren Quelle Q, die Worte und Reden Jesu überliefert hat. Die Unterschiede zwischen Lukas und Matthäus werden damit erklärt, dass beide noch jeweils eigene Informationsquellen und Überlieferungen (Sondergut) kannten, aus denen sie sich bedient haben.

Nachdenken

- Bevor Sie mit dem Arbeiten beginnen: Fertigen Sie zwei Kopien der Textstellen an. Lesen Sie die drei Ausschnitte sowohl vertikal als auch horizontal: Was ist Ihr erster Eindruck von den drei Parallelstellen?
- Markieren Sie in der ersten Kopie mit einem farbigen Stift alle inhaltlichen (blau) und sprachlichen (rot) Gemeinsamkeiten. Was fällt auf?
- In der zweiten Kopie unterstreichen Sie nach dem gleichen Schema die Unterschiede. Was fällt hier auf?
- Wenn Sie die beiden Kopien vergleichen: Was überwiegt: Gemeinsamkeiten oder Unterschiede?

25. Johannes-Evangelium

Vordenken

Während die ersten drei Evangelien sehr eng miteinander sprachlich und inhaltlich verwandt sind, ist das Johannes-Evangelium in Aufbau, Stil und theologischer Aussage einzigartig. Es nimmt eine Sonderstellung ein.

Material

Joh 20,30-31

Noch viele andere Zeichen, die in diesem Buch nicht aufgeschrieben sind, hat Jesus vor den Augen seiner Jünger getan. [31]Diese aber sind aufgeschrieben, damit ihr glaubt, dass Jesus der Messias ist, der Sohn Gottes, und damit ihr durch den Glauben das Leben habt in seinem Namen.

Hintergrund

Das Johannes-Evangelium unterscheidet sich in vielfacher Weise von den ersten drei Evangelien. Schon der Prolog „Im Anfang war das Wort…" scheint anzudeuten, dass hier auf einer anderen Ebene Theologie getrieben werden soll. Nicht mehr eine menschliche Weihnachtsgeschichte, wie sie Lukas verwendet, sondern ein abstrakt theologischer Text werden als Einleitung vorangestellt. Die Kindheitsgeschichten bei Matthäus und Lukas antworten zwar auch auf die Frage: Wer ist dieser Jesus seinem Wesen nach?, aber die Art, wie die Antwort ausfällt, ist gänzlich davon zu unterscheiden.
Wenn man die vier Evangelien der Reihe nach liest, wird man im vierten zwar einiges finden, was man aus den ersten drei schon kennt – vertraute Personen, Wunder und Worte von Jesus –, aber anderes wird man vergeblich suchen. An erster Stelle fehlt ein zentraler Begriff: die Rede vom ‚Reich Gottes'. Statt dessen kommt gehäuft das ‚(ewige) Leben' als anzustrebendes Ziel vor. Die meisten Gleichnisse, viele seiner Wunder und die Einsetzungsworte der Eucharistie fehlen ebenso. Die

Reden, die im Johannes-Evangelium wiedergegeben werden, sind im Vergleich zu den Synoptikern lang, ausufernd und immer um ein Thema konzentriert. Und selbst in der örtlichen und zeitlichen Lokalisierung gibt es Unterschiede: Der Autor siedelt einen Großteil des Geschehens in Jerusalem an – Jesus wandert dreimal von Galiläa nach Jerusalem –, während die Synoptiker Galiläa bevorzugen und Jesus nur einmal nach Jerusalem ziehen lassen.

Entstanden ist das Evangelium um 90 n. Chr., aber es verarbeitet selbstverständlich auch wesentlich ältere Traditionen. Der/die Verfasser sind unbekannt, werden von der Tradition (vgl. Joh 21, einem späteren Nachtrag zu dem Evangelium) mit „dem Jünger, den Jesus liebte" angegeben.

Nachdenken

- Was gibt der Verfasser als Zweck des Evangeliums an?
- Nach welchen Kriterien wurden die Berichte über die Zeichen Jesu ausgewählt?
- Was bedeutet die Aussageabsicht für Ihr persönliches Bibelstudium?

26. Apostelgeschichte

Vordenken

Manche Schriften, die eigentlich aus inhaltlichen Gründen im Neuen Testament zusammen gehören, sind in unseren Bibelausgaben getrennt.

Material

Lk 1,1-4; Apg 1,1-3

Schon viele haben es unternommen, einen Bericht über all das abzufassen, was sich unter uns ereignet und erfüllt hat. 2Dabei hielten sie sich an die Überlieferung derer, die von Anfang an Augenzeugen und Diener des Wortes waren. 3Nun habe auch ich mich entschlossen, allem von Grund auf sorgfältig nachzugehen, um es für dich, hochverehrter Theophilus, der Reihe nach aufzuschreiben. 4So kannst du dich von der Zuverlässigkeit der Lehre überzeugen, in der du unterwiesen wurdest.

Im ersten Buch, lieber Theophilus, habe ich über alles berichtet, was Jesus getan und gelehrt hat, 2bis zu dem Tag, an dem er (in den Himmel) aufgenommen wurde. Vorher hat er durch den Heiligen Geist den Aposteln, die er sich erwählt hat, Anweisungen gegeben. 3Ihnen hat er nach seinem Leiden durch viele Beweise gezeigt, dass er lebt; vierzig Tage hindurch ist er ihnen erschienen und hat vom Reich Gottes gesprochen.

Hintergrund

Sowohl durch die Einleitung als auch durch die sprachlichen und stilistischen Gemeinsamkeiten werden das Lukas-Evangelium und die Apostelgeschichte demselben Verfasser zugeordnet. Die Entstehung des Lukas-Evangeliums wird auf ca. 90 n. Chr. datiert, die Apostelgeschichte auf 90-100 n.Chr.

Der Name ‚Apostelgeschichte' ist zwar in der alten Kirche seit Irenäus bezeugt, aber gleichwohl irreführend. Erstens geht es nicht um die Taten *der* Apostel, sondern das Thema ist die Missionsgeschichte des frühen Christentums, das Handeln Gottes in der Mission. Zweitens ste-

hen nicht die Taten der Apostel im Mittelpunkt. Von den zwölf Aposteln, die Zeugen des Lebens Jesu, von der Taufe bis zu Tod und Auferstehung, waren, werden nur vier, nämlich Petrus, Johannes, Jakobus und Philippus ausführlich erwähnt. Paulus, der ab Kapitel 7,58 auftaucht, und der ab Kapitel 13 bis 28 im Mittelpunkt der Schilderung steht, wird der Titel ‚Apostel' vorenthalten. Er war kein Augenzeuge, und wird deshalb nicht als Apostel bezeichnet.
In der Mitte des Buches findet sich das Jerusalemer Apostelkonzil (Apg 15, 1-33). Auf diesem wird die Mission der Heiden bestätigt[9], und danach bricht Paulus sofort zu seiner zweiten Missionsreise auf, die ihn nach Kleinasien und nach Rom, dem Mittelpunkt des heidnischen Reiches, führen wird.
Der Grund, warum die Apostelgeschichte verfasst wurde, ist unklar. Und ebenfalls, auf welche Quellen der Verfasser sich bezieht. Sicher scheint aber zu sein, dass er die Paulusbriefe, was für den zweiten Teil des Buches naheliegend wäre, nicht benutzt hat. Geschrieben sind Evangelium und Apostelgeschichte für eine heidenchristliche Gemeinde, denn zum einen ersetzt er semitische Begriffe durch griechische, zum anderen verwendet er durchgängig die Septuaginta, die griechische Version der jüdischen Bibel, ersetzt z. B. den Namen Palästina durch Judäa (Apg 2,9;10,37).

9 Die Grundfrage war dabei, ob man erst Jude werden muss, um dann den christlichen Glauben annehmen zu können. Diese Frage hat in der Gemeinde für Spannungen gesorgt, weil sie auch eine ganz praktische Relevanz hatte. Die Judenchristen hielten sich weiterhin an das jüdische Gesetz, was sich zum Beispiel in den Speisevorschriften ausdrückte. Die Heidenchristen fühlten sich dagegen dem Gesetz nicht verpflichtet. Aus dieser lebenspraktischen Frage ergaben sich für den Gemeindealltag Spannungen. Das Konzil entschied, dass eine ‚gesetzesfreie' Heidenmission möglich ist, legte aber, um den Frieden in der Gemeinde zu wahren, fest, dass es einige wenige Regeln gibt, an die sich alle halten müssen (kein Götzendienst, einige wenige Speisevorschriften).

Nachdenken

- Lesen Sie die beiden Anfänge des Lukas-Evangeliums und der Apostelgeschichte: Wodurch wird eine Beziehung zwischen den beiden Büchern hergestellt?
- Welche Funktion haben die Verse 2 und 3 in der Apostelgeschichte Kapitel 1? Das Lukas-Evangelium und die Apostelgeschichte werden als ‚Lukanisches-Doppelwerk' bezeichnet. Wie verstehen Sie diese Bezeichnung?

27. Offenbarung – ein Buch fällt aus dem Rahmen

Vordenken

Das letzte Buch der Bibel, die Offenbarung (die Offenbarung des Johannes) hat sicher nicht zufälligerweise genau dort ihren Platz bekommen. Im Vergleich zu den übrigen neutestamentlichen Büchern unterscheidet sie sich in vielerlei Hinsicht von den Evangelien, und zwar sowohl in Form, als auch im Inhalt. Dazu kommt, dass sie sich den Leserinnen und Lesern nicht einfach durch das Lesen erschließt. Ihr Bilderreichtum bedarf einer intensiven Auseinandersetzung, um die Bedeutung der Texte zu verstehen. Für viele bleibt sie ein „Buch mit sieben Siegeln“.

Material

Offb 1,1-6

Offenbarung Jesu Christi, die Gott ihm gegeben hat, damit er seinen Knechten zeigt, was bald geschehen muss; und er hat es durch seinen Engel, den er sandte, seinem Knecht Johannes gezeigt. [2]Dieser hat das Wort Gottes und das Zeugnis Jesu Christi bezeugt: alles, was er geschaut hat. [3]Selig, wer diese prophetischen Worte vorliest und wer sie hört und wer sich an das hält, was geschrieben ist; denn die Zeit ist nahe. [4]Johannes an die sieben Gemeinden in der Provinz Asien: Gnade sei mit euch und Friede von Ihm, der ist und der war und der kommt, und von den sieben Geistern vor seinem Thron [5]und von Jesus Christus; er ist der treue Zeuge, der Erstgeborene der Toten, der Herrscher über die Könige der Erde. Er liebt uns und hat uns von unseren Sünden erlöst durch sein Blut; [6]er hat uns zu Königen gemacht und zu Priestern vor Gott, seinem Vater. Ihm sei die Herrlichkeit und die Macht in alle Ewigkeit. Amen.

Hintergrund

Anfang des 20. Jahrhunderts wurde die Offenbarung wegen ihres außerordentlichen sprachlichen Bilderreichtums als „Bilderbuch“ bezeichnet. Allein darin fällt sie schon aus dem Rahmen der übrigen neu-

testamentlichen Bücher. Aber auch die Form ist außergewöhnlich: Sie hat – ausgewiesen u.a. durch das Präskript – die Briefform, steht also in einer Reihe mit den Paulusbriefen u.a., hebt sich aber vor allem durch die erhebliche Länge ganz deutlich davon ab.
Die dem Präskript vorangesetzte ‚Überschrift' macht in einem Vers den Inhalt und den Themenschwerpunkt deutlich: Sie ist eine prophetische Schrift, die von den bald erwarteten Endereignissen sprechen wird. Als Adressaten sind ‚sieben Gemeinden' in Asien angesprochen. Hierbei fällt vor allem die Zahl ‚Sieben' auf, die auch an anderer Stelle in dem Buch vorkommt, und dort immer eine besondere symbolische Bedeutung hat: Sieben ist die Zahl der Vollkommenheit. Wie in anderen biblischen Büchern kann dies als Bild dafür gesehen werden, dass die gesamte Christenheit Empfänger dieses Briefes sein soll. Dagegen spricht auch nicht, dass einige Verse später die sieben Gemeinden genannt werden. In den Kapiteln 2 und 3 wird dann erneut die Briefform als ‚Brief im Brief' verwendet, indem die sieben Gemeinden ein individuelles Sendschreiben erhalten. Es folgen drei Bildreihen (sieben Siegel, sieben Posaunen und sieben Schalen), die Vision über den Untergang der weltlichen Herrschaft, die Vision von der vollkommenen Gottesherrschaft im Himmlischen Jerusalem und ein Buch-(Brief-) Schluss.
Inhaltlicher Mittelpunkt ist die Vorstellung der Herrschafts- und Richterfunktion Gottes. Gottes Schöpfungsakt der Welt findet jetzt seinen Abschluss, indem die Schöpfung vollendet wird. Im Unterschied zum Johannes-Evangelium wird hier nicht die Wesensgleichheit zwischen Gott und Christus, sondern die Funktionseinheit betont. Damit ist gemeint, dass Christus Gottes Handeln in der Welt vollzieht und so rettet und richtet.
Besondere Aufmerksamkeit verdient auch noch das Kirchenbild: Johannes bezeichnet sich selbst als Mitbruder (Offb 1,9; 19,10; 22,9) und er befindet sich selbst in der gleichen Situation wie die Gemeinde. Die Menschen sind Knechte (2,20; 7,3; usw.), die Engel sind Mit-Knechte (22,9) und Christus wird sich den Thron mit den Christen teilen (3,21; 20,6; 21,7).

Nachdenken

- An wen richtet sich die Offenbarung?
- Um welche Gattung handelt es sich bei der Offenbarung?
- In welcher Weise soll die Gemeinde Kenntnis von diesem Text erhalten?
- Welche Funktion haben die Verse 1 bis 3, welche Funktion haben die folgenden Verse 4 bis 6?

28. Biblische Redensarten Mt 25,15

Vordenken
Die Menschen haben unterschiedliche Fähigkeiten. Nicht jeder ist für jede Aufgabe in gleicher Weise geeignet. Wir alle haben unsere Stärken und Schwächen. Wichtig ist, dass wir unsere Talente nutzen und ausbauen. So spricht man von Improvisations-Talent, verschütteten Talenten, wenn jemand seine Fähigkeiten nicht nutzt, oder von einer Talent-Schmiede.

Material

Mt 25, 14-26

*14 Es ist wie mit einem Mann, der auf Reisen ging: Er rief seine Diener und ver-
traute ihnen sein Vermögen an. 15 Dem einen gab er fünf Talente Silbergeld, einem
anderen zwei, wieder einem anderen eins, jedem nach seinen Fähigkeiten. Dann
reiste er ab. Sofort 16 begann der Diener, der fünf Talente erhalten hatte, mit ihnen
zu wirtschaften, und er gewann noch fünf hinzu. 17 Ebenso gewann der, der zwei
erhalten hatte, noch zwei dazu. 18 Der aber, der das eine Talent erhalten hatte, ging
und grub ein Loch in die Erde und versteckte das Geld seines Herrn. 19 Nach langer
Zeit kehrte der Herr zurück, um von den Dienern Rechenschaft zu verlangen. 20 Da
kam der, der fünf Talente erhalten hatte, brachte fünf weitere und sagte: Herr, fünf
Talente hast du mir gegeben, sieh her, ich habe noch fünf weitere dazu gewonnen.
21 Sein Herr sagte: Sehr gut, du bist ein tüchtiger und treuer Diener. 22 Dann kam
der Diener, der zwei Talente erhalten hatte, und sagte: Herr, du hast mir zwei ge-
geben; sieh her, ich habe noch zwei dazu gewonnen. 23 Sein Herr sagte zu ihm: Sehr
gut, du bist ein tüchtiger und treuer Diener. Du bist im Kleinen ein treuer Verwal-
ter gewesen, ich will dir eine große Aufgabe übertragen. Komm, nimm teil an der
Freude deines Herrn. 24 Zuletzt kam auch der Diener, der das eine Talent erhalten
hatte, und sagte: Herr, ich wusste, dass du ein strenger Mann bist; [...] 25 Weil ich
Angst hatte, habe ich dein Geld in der Erde versteckt. Hier hast du es wieder. 26 Sein
Herr antwortete ihm: Du bist ein schlechter und fauler Diener!*

Hintergrund

In Form einer Gleichnisrede erzählt Jesus, wie ein Gutsbesitzer ‚Talente‘ an seine Knechte verteilt, damit sie von diesen während seiner Abwesenheit verwaltet werden.

Talent ist die Bezeichnung einer festgelegten Recheneinheit, die als Gewichtsmaß ca. 41 Kilogramm oder 6000 Drachmen entsprach. Sie wird auch in Exodus 38,25 erwähnt.

Auf den ersten Blick fordert der Text zum Widerspruch heraus, weil derjenige, der sich um die Sicherheit des Vermögens gesorgt hat, bestraft wird. Diejenigen, die gewirtschaftet haben – immer auch mit einem Verlust rechnend – werden für die Risikobereitschaft (man könnte es in manchen Situationen auch gut Leichtsinn nennen) belohnt.

Nachdenken

- In welchen Situationen haben Sie selbst schon einmal vor der Frage gestanden: Soll ich etwas riskieren oder auf Nummer Sicher gehen?
- Welche Talente kennen Sie bei sich selbst?
- Wie können Sie neue Talente bei sich entdecken?
- Vergleichen Sie diese Gleichnisrede mit 1 Kor 12,12-31a. Welche Bedeutung haben die unterschiedlichen Talente im Zusammenspiel?
- Welche Konflikte können zwischen Menschen entstehen, die verschiedene Talente haben?

29. Die beiden Testamente in der Bibel

Vordenken

Bisher offengeblieben ist das Verhältnis des Ersten und des Zweiten Testamentes zueinander. Welche Bedeutung hat die jüdische Bibel für den christlichen Gläubigen. Ist sie ein Steinbruch, aus dem man sich Zitate zusammensuchen und die man zur Untermalung der eigenen Glaubensvorstellung beliebig verwenden kann, oder aber gibt es zwischen beiden einen tieferen Sinnzusammenhang?

Material

Mt 4,23; Mk 1,21-22; Lk 2,41-50; Lk 4,16-22

[23]Er zog in ganz Galiläa umher, lehrte in den Synagogen, verkündete das Evangelium vom Reich und heilte im Volk alle Krankheiten und Leiden.

*[21]Sie kamen nach Kafarnaum. Am folgenden Sabbat ging er in die Synagoge und
lehrte. [22]Und die Menschen waren sehr betroffen, denn er lehrte sie wie einer, der
(göttliche) Vollmacht hat, nicht wie die Schriftgelehrten.*

*[41]Die Eltern Jesu gingen jedes Jahr zum Paschafest nach Jerusalem. [42]Als er zwölf
Jahre alt geworden war, zogen sie wieder hinauf, wie es dem Festbrauch entsprach.
[43]Nachdem die Festtage zu Ende waren, machten sie sich wieder auf den Heimweg.
Der junge Jesus blieb aber in Jerusalem, ohne dass seine Eltern es merkten. [44]Sie
meinten, er sei irgendwo in der Pilgergruppe, und reisten eine Tagesstrecke weit;
dann suchten sie ihn bei den Verwandten und Bekannten. [45]Als sie ihn nicht fanden, kehrten sie nach Jerusalem zurück und suchten ihn dort. [46]Nach drei Tagen
fanden sie ihn im Tempel; er saß mitten unter den Lehrern, hörte ihnen zu und
stellte Fragen. [47]Alle, die ihn hörten, waren erstaunt über sein Verständnis und
über seine Antworten. [48]Als seine Eltern ihn sahen, waren sie sehr betroffen, und
seine Mutter sagte zu ihm: Kind, wie konntest du uns das antun? Dein Vater und
ich haben dich voll Angst gesucht. [49]Da sagte er zu ihnen: Warum habt ihr mich
gesucht? Wusstet ihr nicht, dass ich in dem sein muss, was meinem Vater gehört?
[50]Doch sie verstanden nicht, was er damit sagen wollte.*

*[16]So kam er auch nach Nazaret, wo er aufgewachsen war, und ging, wie gewohnt,
am Sabbat in die Synagoge. Als er aufstand, um aus der Schrift vorzulesen,
[17]reichte man ihm das Buch des Propheten Jesaja. Er schlug das Buch auf und fand
die Stelle, wo es heißt: [18]Der Geist des Herrn ruht auf mir; / denn der Herr hat mich
gesalbt. Er hat mich gesandt, / damit ich den Armen eine gute Nachricht bringe;
damit ich den Gefangenen die Entlassung verkünde / und den Blinden das Augen-
licht; damit ich die Zerschlagenen in Freiheit setze [19]und ein Gnadenjahr des Herrn
ausrufe. [20]Dann schloss er das Buch und setzte sich. Die Augen aller in der Syna-
goge waren auf ihn gerichtet. [21]Da begann er ihnen darzulegen: heute hat sich das
Schriftwort, das ihr eben gehört habt, erfüllt. [22]Seine Rede fand bei allen Beifall.*

Hintergrund

Der Hintergrund, vor dem das Christentum zu verstehen ist, ist das Judentum. Jesus ist selbstverständlich Jude, er kennt die jüdische Tradition, nimmt an der jüdischen Liturgie teil und kennt selbstverständlich die Tora und die übrigen biblischen und liturgischen Texte. Wenn im Neuen Testament von „Schrift“ oder „Gesetz“ die Rede ist, dann sind damit die jüdischen Schriften gemeint.

Nachdenken

- Bitte lesen Sie die vier ausgewählten Textausschnitte aus den synoptischen Evangelien und unterstreichen sie die Stellen, die einen Hinweis auf den jüdischen Hintergrund geben. Was kann man anhand dieser Stellen über das Selbstverständnis von Jesus zum Judentum sagen?
- Vergleichen Sie ihre Ergebnisse mit Mt 5,17. Welche Bedeutung gibt Jesus selbst dem jüdischen Gesetz und den Propheten?

30. Die beiden Testamente: eine Bibel

Vordenken

Der Prozess der Kanonisierung der Bibel ging durch die Jahrhunderte, bis er schließlich im 4. Jahrhundert weitgehend abgeschlossen war. In diesem Zusammenhang ging es aber nicht nur um die Frage, welche christlichen Schriften Bestandteil der Bibel werden sollen, sondern es ging auch um die Frage, ob und welche jüdischen Texte Bestandteil der Bibel werden sollen.

Für die ersten Christen war die jüdische Bibel nicht das Alte Testament. Auch als im 2. Jahrhundert die seit dem 1. Jahrhundert entstandenen Evangelien und Briefe langsam den Rang einer „Heiligen Schrift" erhielten, wurden dadurch nicht die jüdischen Texte aufgegeben oder abgelöst. Es gab zwar in dieser Zeit gelegentlich den Versuch, die Bibel zu „entjudaisieren" beispielsweise durch Markion (Mitte des 2. Jahrhunderts). Er sah zum einen eine Differenz zwischen dem jüdischen Gottesbild und dem durch Christus vermittelten, und akzeptierte zum anderen solche neutestamentlichen Schriften nicht, die sich ausdrücklich auf die jüdische Tradition bezogen. Aus unserer heutigen Sicht mag dies spektakulär erscheinen, aber aus der Zeitperspektive ist auch eine solche Position ein normaler Bestandteil des Diskussionsprozesses. Er hat das Problem theologisch reflektierten Umgangs mit den jüdischen Texten deutlich gesehen und durch seine Haltung den Prozess der christlichen Kanonbildung – sicher unabsichtlich – beschleunigt. Er wurde 144 aus der römischen Gemeinde ausgeschlossen und gründete eine eigene Kirche, die Markioniten, die bis ins 5. Jahrhundert existierten.

Material

„Als die Kirche ihre Heilige Schrift erweiterte, traf sie zwei wichtige Entscheidungen:

1. Sie behielt alle Schriften der Bibel Israels bei, und sie stellte die „neuen" Schriften nicht vor, sondern hinter die Bibel Israels; so entstand die eine zweigeteilte christliche Bibel.

2. Sie griff nicht in den jüdischen Wortlaut des ersten Teils ein, um ihn durch eine Überarbeitung zu christianisieren, auch nicht dort, wo in einem neutestamentlichen Text eine christologisch/christlich motivierte Relecture eines alttestamentlichen Textes vorlag.
Dass die Kirche die Bibel Israels so in ihrer Bibel beibehielt, entsprach der in den neutestamentlichen Schriften selbst und in den wichtigen Glaubensbekenntnissen der alten Kirche sich aussprechenden Überzeugung, dass die Bibel Israels das unaufgebbare Fundament des Christentums ist."

(aus: Zenger u.a. Einleitung in das Alte Testament, [3]1998, Stuttgart S.13)

Hintergrund

Im Laufe der Geschichte haben die christlichen Kirchen, auch wenn es immer wieder zu teilweise sehr scharfen Auseinandersetzungen mit dem Judentum kam, diesen Standpunkt – auch wenn es mitunter sehr sehr schwer fiel – nie mehr aufgegeben.

Nachdenken

- Der Diskussionsprozess, wie man mit den jüdischen heiligen Schriften umgehen soll, war ein wesentlicher Bestandteil der Klärung der christlichen Identität. Was waren die entscheidenden Punkte im Umgang mit der jüdischen Bibel, die es verdienen, hervorgehoben zu werden?
- Vergleichen Sie diese Aussagen mit dem Vers Röm 11,18. Was lässt sich aus ihm zu der Beziehung von jüdischer Bibel und christlichem Glauben ableiten?

31. Altes Testament?

Vordenken

Die zweigeteilte Bibel wird üblicherweise in „Altes" und „Neues" Testament unterteilt. Auf den ersten Blick kann dies als Bezeichnung der Entstehung der beiden Teile gewertet werden, aber inzwischen gibt es den Vorschlag, die beiden Teile als „Erstes Testament" und „Zweites Testament" zu bezeichnen.

Material

„Die Bezeichnung „Erstes Testament" kann sich durchaus biblisch legitimieren. Sie klingt nicht nur im Hebräerbrief (8,7.13; 9,1.15.18) an, sie wird auch in der griechischen Übersetzung der Septuaginta von Lev 26,45 verwendet, wo sie anders – anders als im Hebr – uneingeschränkt positiv den „ersten" Bund am Sinai als „Bund zur Vergebung der Sünden" (vgl. Lev 26,39-45) im Sinne des gründenden und weiterwirkenden Anfangs meint. Genau diesen Aspekt kann die Bezeichnung herausstellen: Der erste Teil der christlichen Bibel ist das grundlegende Fundament, das zuerst gelegt wurde und auf dem das im „Zweiten Testament" bezeugte neue Handeln Gottes an und durch Jesus und an denen, die Jesus nachfolgen, so aufruht, dass es dessen erneute und endgültige Aktualisierung ist."

(aus: Zenger u.a. Einleitung in das Alte Testament, ^{3}1998, Stuttgart)

Hintergrund

Eine solche Bezeichnung hat mehrere Vorteile: Zum einen bezeichnet sie richtig, dass das „Alte Testament" als erstes entstanden ist, und auch die erste Bibel der jungen christlichen Kirche war. Zum anderen betont sie den ewigen, nie aufgelösten Bund, der durch die ganze Bibel hindurch bezeugt wird. Schließlich weist sie darauf hin, dass das „Zweite Testament" ohne das „Erste" nicht denk- und verstehbar ist. Und sie vermeidet dabei so negative Assoziationen wie „veraltet" und „überholt".

Nachdenken

- Bitte notieren Sie in zwei Spalten auf einem Blatt Papier, was sie positiv und negativ mit dem Begriff „alt“ verbinden. Welche Vorteile, welche Schwierigkeiten sehen Sie in dem Begriffspaar Alt/Neu?

- Welche der folgenden vier Begriffe bevorzugen Sie, um den ersten Teil der Bibel zu bezeichnen: „Hebräische Schriften“, „Altes Testament“, „jüdischer Teil der Bibel“ oder „Erstes Testament“?

32. Bibel geistlich lesen

Vordenken

Zum Abschluss dieser kurzen Einführung in die Bibel möchte ich eine Anregung geben, wie man, über die wissenschaftlich historische Beschäftigung hinaus, sich mit der Bibel befassen kann.
Die Art und Weise, wie dieser Kurs sich bisher mit den Texten beschäftigt hat, hat vor allem darin Sinn, die fremden Texte in unsere heutige Zeit zu holen, etwas schwer Verständliches verstehbar zu machen. Aber die Bibel will mehr sein, sie ist mehr als ein Buch, dem man sich auf diesem Weg nähern kann. Deshalb soll jetzt noch gezeigt werden, wie man den biblischen Text in das eigene Leben holen kann.

Zitatauswahl

Ex 20,5; Joh 6,69; Jes 42; Ps 27,8; Ex 3,14; Hos 2,23; Jes 50,2; Mk 9,49; Mt 18,3; 1 Joh 4,12; Eph 2,14; Jes 58,9; 1 Kor 13,12; Dtn 6,5; Hld 2,14; Apg 4,19; Lk 24,38; Mt 13,13; Röm 12,15

Hintergrund

Die Methode der geistlichen Bibellesung dreht die bisherige Bibelarbeit um: Sie fragt nicht mehr, was der Leser mit einem Text machen kann, sondern was der Text mit dem Leser macht. Die biblisch überlieferte Erfahrung und das eigene Leben sollen miteinander konfrontiert, ins Gespräch gebracht werden.

Nachdenken

- Wählen Sie bitte eine der oben genannten Textstellen aus und schreiben Sie sich den entsprechenden Vers auf einen Zettel. Sie können sich dabei gerne alle Bibelstellen anschauen, oder an anderen Stellen der Bibel suchen, bis Sie einen Text gefunden habe, der Sie anspricht. Der Text sollte allerdings nicht sehr lang sein. Ein oder zwei Verse genügen vollkommen.

- Dieser Text soll Sie nun die nächsten Tage begleiten. Es geht dabei nicht darum, möglichst schnell herauszufinden, was in dem Text steckt, sondern ihn langsam zu meditieren. Dabei können folgende Fragen hilfreich sein: Was sagt der Text mir? Welche Fragen habe ich an den Text? Löst er etwas in mir aus – Verwunderung, Erinnerung, Verärgerung, Hoffnung, Verheißung? Möchte ich den Text, die Erfahrung mit jemandem teilen?
- Wenn während der Besinnung auf den Text u.U. ein bißchen Unruhe entsteht, ist dies nicht schlimm. Lassen Sie sich nicht ablenken, konzentrieren Sie sich ganz auf diesen kleinen Text.
- Wenn Sie mögen, können Sie sich nach einiger Zeit einen neuen Text aussuchen, der Sie durch die folgende Zeit begleiten soll.

Verzeichnis der Abkürzungen der biblischen Bücher

Buchname	Einheits-Übersetzung	Luther-Übersetzung
Das Alte Testament		
Das Buch Genesis [Erstes Buch Mose]	Gen	1. Moses
Das Buch Exodus [Zweites Buch Mose]	Ex	2. Moses
Das Buch Levitikus [Drittes Buch Mose]	Lev	3. Moses
Das Buch Numeri [Viertes Buch Mose]	Num	4. Moses
Das Buch Deuteronomium [Fünftes Buch Mose]	Dtn	5. Moses
Das Buch Josua	Jos	Jos
Das Buch Richter	Ri	Ri
Das Buch Rut	Rut	Rut
Das erste Buch Samuel	1 Sam	1 Sam
Das zweite Buch Samuel	2 Sam	2 Sam
Das erste Buch der Könige	1 Kön	1 Kön
Das zweite Buch der Könige	2 Kön	2 Kön
Das erste Buch der Chronik	1 Chr	1 Chr
Das zweite Buch der Chronik	2 Chr	2 Chr
Das Buch Esra	Esra	Esra
Das Buch Nehemia	Neh	Neh
Das Buch Tobit	Tob	
Das Buch Judit	Jdt	
Das Buch Ester	Est	Est
Das erste Buch der Makkabbäer	1 Makk	
Das zweite Buch der Makkabäer	2 Makk	
Das Buch Ijob	Ijob	Ijob
Die Psalmen	Ps	Ps
Das Buch der Sprichwörter [Sprüche Salomons]	Spr	Spr
Das Buch Kohelet [Prediger Salomons]	Koh	Pred
Das Hohelied [Hohelied Salomons]	Hld	Hld
Das Buch der Weisheit	Weish	
Das Buch Jesus Sirach	Sir	
Das Buch Jesaja	Jes	Jes
Das Buch Jeremia	Jer	Jer
Die Klagelieder [Klagelieder Jeremias]	Klgl	Klg
Das Buch Baruch	Bar	
Das Buch Ezechiel [Hesekiel]	Ez	Hes
Das Buch Daniel	Dan	Dan

Das Buch Hosea	Hos	Hos
Das Buch Joël	Joel	Joel
Das Buch Amos	Am	Am
Das Buch Obadja	Obd	Obd
Das Buch Jona	Jona	Jona
Das Buch Micha	Mi	Mi
Das Buch Nahum	Nah	Nah
Das Buch Habakuk	Hab	Hab
Das Buch Zefania	Zef	Zef
Das Buch Haggai	Hag	Hag
Das Buch Sacharja	Sach	Sach
Das Buch Maleachi	Mal	Mal

Das Neue Testament

Das Evangelium nach Matthäus	Mt	Mt
Das Evangelium nach Markus	Mk	Mk
Das Evangelium nach Lukas	Lk	Lk
Das Evangelium nach Johannes	Joh	Joh
Die Apostelgeschichte	Apg	Apg
Der Brief an die Römer	Röm	Röm
Der erste Brief an die Korinther	1 Kor	1 Kor
Der zweite Brief an die Korinther	2 Kor	2 Kor
Der Brief an die Galater	Gal	Gal
Der Brief an die Epheser	Eph	Eph
Der Brief an die Philipper	Phil	Phil
Der Brief an die Kolosser	Kol	Kol
Der erste Brief an die Thessalonicher	1 Thess	1 Thess
Der zweite Brief an die Thessalonicher	2 Thess	2 Thess
Der erste Brief an Timotheus	1 Tim	1 Tim
Der zweite Brief an Timotheus	2 Tim	1 Tim
Der Brief an Titus	Tit	Tit
Der Brief an Philemon	Phlm	Phlm
Der Brief an die Hebräer	Hebr	Hebr
Der Brief des Jakobus	Jak	Jak
Der erste Petrusbrief	1 Petr	1 Petr
Der zweite Petrusbrief	2 Petr	2 Petr
Der erste Johannesbrief	1 Joh	1 Joh
Der zweite Johannesbrief	2 Joh	2 Joh
Der dritte Johannesbrief	3 Joh	3 Joh
Der Brief des Judas	Jud	Jud
Die Offenbarung des Johannes	Offb	Offb

Die Reihenfolge der Anordnung divergiert leicht in den beiden Bibelausgaben. Unterschiedliche Namensgebungen wurden in eine eckige Klammer gesetzt.

Zeittafel

Epoche	Ereignisse	Bibel
Um 1200 – 1000 v. Chr.	Ende der ägyptischen Vorherrschaft , Ankunft der Seevölker; Israel als Stämmegesellschaft	Lieder, Sprüche, Rechtssätze
Um 1250	Mose?	
Um 1000	Entstehung der Monarchie König David	Ex 34 (um 900)
858 – 824	Salmanassar III.; König von Assyrien, macht Israel und Juda tributpflichtig	Elija Erzählung (9. Jh)
750	Prophet Amos (erster Schrift prophet, früheste datierte Schrift der Bibel)	Amos und Hosea (Mitte 8. Jh)
721	Sargon II. von Assyrien erobert Samaria und zerstört das Nordreich Israel	
701	Sanherib von Assyrien vor Jerusalem, Deportation vieler Judäer	Jesaja und Micha (Ende 8. Jh)
Um 700	König Hiskija von Juda: Kultreform, Edition von Literatur	
622	Kultreform in Juda: Jahwe-allein-Bewegung, König Joschija, Urbild des Priesters Hilkija	(Joschijanisches) Deuteronomium
612	Babylonier zerstören die assyrische Hauptstadt Ninive	Zefanija, Nahum und Habakuk (Ende 7. Jh)
597	1. Eroberung Jerusalems durch die Babylonier. Verschleppung des Königs Jojachim nach Babylonien; Beginn des babylonischen Exils	Ezechiel und Jeremia (Anfang 6. Jh)

586	2. Eroberung Jerusalems durch die Babylonier (König Nebukadnezzar), zweite Verschleppung. Ende der jüdischen Monarchie, Zerstörung von Tempel und Stadt.	
561	Befreiung des Königs Jojachim. Erweiterung der Urbibel	Jesaja II (Mitte 6. Jh)
539	König Kyrus erobert Babylon. Ende des babylonischens Exils	
520 – 515	Arbeiten am Neubau des Jerusalemer Tempels. Prophet Haggai und Sacharja	Priesterschrift, Haggai und Sacharja (520–518)
465 – 424	Perserkönig Artaxerxes I., in seiner Zeit wirken in Jerusalem Esra und Nehemia	
445	Nehemia (Statthalterschaft; Wiederaufbau der Mauern von Jerusalem)	Rut (5. Jh)
398	Esra (Promulgation der Tora in Jerusalem)	Ijob (4. Jh)
332	Alexander der Große in Israel und Ägypten	
323	Palästina unter griechischer Kontrolle (Ptolemäer)	Chronik, Esra, Nehemia, Tobit, Ester, Sprüche, Kohelet, Hoheslied (3./2.Jh) Zwölfprophetenbuch (um 240)
Um 200	Weisheitsschriften: Kohelet, Jesus Sirach	Psalter (um 200); Jesus Sirach (um 175)
167 – 164	jüdischer Aufstand gegen die Seleukiden (Befreiungskampf der Makkabäer)	
164	Wiedereinweihung (Reinigung) des Tempels	Daniel (um 150); Judit (um 1050 – 100); 1./2. Makkabäer (um 100)

40 – 4	Herodes der Große herrscht im Schatten Roms	Weisheit Salomons (um 30)
Um 5 ?	Geburt Jesu in Nazaret	
27 /33 n. Chr.	Hinrichtung Jesu unter dem römischen Prokurator Pontius Pilatus	
Um 36 (?)		Bekehrung des Paulus
46 – 48		Erste Missionsreise des Paulus
38 – 100	Josephus (jüdischer Historiker)	
44	Ende der Herodianer; Palästina wird fast ausschließlich vom römischen Prokurator verwaltet	
48	Apostelkonzil in Jerusalem verhindert die Spaltung zwischen Petrus und Paulus, Heimat- und Missionschristen	
49 – 52		Zweite Missionsreise des Paulus
50		1. Thessalonicherbrief des Paulus (ältester christlicher Text); Galaterbrief (um 55); 1. Korinhterbrief; 2.Korintherbrief; Römerbrief (56); Philipperbrief (60);
53 – 58		Dritte Missionsreise des Paulus
64	Brand Roms und Christen-verfolgung	
64/67		Martyrium des Petrus und Paulus in Rom

66 – 70	jüdischer Aufstand gegen die römische Herrschaft, endet mit jüdischer Niederlage, Zerstörung Jerusalems	Philemonbrief (v. 68); Kolosserbrief (70); 2. Thessalonicherbrief (70); Markusevangelium (70): Epheserbrief (80); Hebräerbrief (80); Apostelgeschichte 90) 2. Johannesbrief (90); 3. Johannesbrief (90); Johannesevangelium (90); Johannesoffenbarung (90-95); Lukasevangelium (90); Matthäusevangelium (90); 1. Petrusbrief (90); 1. Johannesbrief (90)
Um 100	Loslösung des Christentums vom Judentum, Vorliegen der Evangelien	Schließung des jüdischen Kanons des Alten Testaments
132 – 135	Aufstand gegen die Römer unter Bar Kochbar	
Um 180		Canon Muratori: Verzeichnis der biblischen Schriften, die in Rom anerkannt waren
367		Osterfestbrief des Athanasius mit dem Kanon des AT und NT

Literatur

Beutler, J. *Die Johannesbriefe*. 2000, Regensburg.

–. *Habt keine Angst – Die erste johanneische Abschiedsrede (Joh 14)*. (SBS Bd. 116) 1984, Stuttgart.

–. *Studien zu den Johanneischen Schriften*. (SBAB 25) 1998, Stuttgart

Braulik, G. *Zivilisation der Liebe*. 1998, Münsterschwarzach.

Charpentier, E. *Führer durch das Neue Testament – Anleitung zum Selbst- und Gruppenstudium*. 1983, Düsseldorf.

Conzelmann, H./Lindemann, A. *Arbeitsbuch zum Neuen Testament*. (UTB 52) [12]1998, Tübingen.

Egger, W. *Methodenlehre zum Neuen Testament – Einführung in linguistische und historisch-kritische Methoden*. [2]1990, Freiburg i.Brsg.

Harnisch, W. *Die Gleichniserzählungen Jesu*. (UTB 1343) 1985, Göttingen.

Herrmann, U. *Heilige Schriften der Weltreligionen* (Basiswissen Bd. 6), 2000, Gütersloh.

Kaldewey, R./Niehl, F. W. *Grundwissen Religion*. 1984, München.

Kirchschläger, W. *Die Anfänge der Kirche – Eine biblische Rückbesinnung*. 1990, Graz.

Kratz, R. G. *Die Komposition der erzählenden Bücher des Alten Testaments*. 2000, Göttingen.

Lang, B. *Die Bibel*. [2]1994, Paderborn.

Langer, W. *Handbuch der Bibelarbeit*. 1987, München.

Lohfink, G. *Jetzt verstehe ich die Bibel Ein Sachbuch zur Formkritik*. [6]1975, Stuttgart.

Lohfink, N. *Das jüdische am Christentum – Die verlorene Dimension*. [2]1989, Freiburg i. Brsg.

Lohse, E. *Umwelt des Neuen Testaments*. [7]1986, Göttingen.

–. *Die Entstehung des Neuen Testaments*. [4]1983, Stuttgart.

Niebuhr, K. (Hrsg.). *Grundinformation Neues Testament*. 2000, Göttingen.

Miranda, J. *Kleine Einführung in das Alte Testament*. 2001, Stuttgart.

Moeller, V. *Die Wasser des Lebens: Die heiligen Schriften der Menschheit*. 2000, München.

Ökumenischer Arbeitskreis für Bibelarbeit (Hrsg.) *Bergpredigt*. (Bibelarbeit in der Gemeinde Bd. 8) 1992, Basel.

–. *Offenbarung*. (Bibelarbeit in der Gemeinde Bd. 9) 1996, Basel.

Rausch, U. *Christentum kurz gefaßt*. [2]1999, Frankfurt am Main.

Schenke, L. *Die Urgemeinde – Geschichtliche u. theologische Entwicklung*. 1990, Stuttgart.

Schnelle, U. *Einleitung in das Neue Testament*. (UTB 1830) [3]1999, Göttingen.

Schroer, S./ Staubli, T. *Die Körpersymbolik der Bibel*. 1998, Darmstadt.

Steiger, H. *333 biblische Redensarten*. 1998, Augsburg.

Steiner, A./Weymann, V. (Hrsg.) *Gleichnisse Jesu*. (Bibelarbeit in der Gemeinde Bd. 3) 1988, Basel.

–. *Wunder Jesu*. (Bibelarbeit in der Gemeinde Bd. 2) [3]1984, Basel.

Trutwin, W. *Evangelium Jesu Christi – Geschichte und Verkündigung des Neuen Bundes*. [17]1982, Düsseldorf.

Zenger, E. *Einleitung in das Alte Testament*. [3]1998, Stuttgart – Berlin – Köln.

Register

Abfassungsdatum · 7
Abraham · 32, 33, 47
Ackerbau · 45
Adressaten · 65, 90
Ägypten · 28, 40, 43, 47, 63, 106
Ahnenreihen · 55
Alexander der Große · 106
Alexandrien · 38
Altes Testament · 5, 13, 21, 97
Amos · 36, 38, 103, 104
Anordnung · 35, 39, 72, 73
Antike · 69, 70
Aphia · 69
Apostel · 14, 64, 86, 87
Apostelgeschichte · 5, 72, 73, 86, 87, 103, 107
Apostelkonzil · 87, 106
Aramäisch · 29
Archippus · 69
Archiv · 12, 13
Aristarch · 70
Asien · 89, 90
Athanasius · 107
Auferstehung · 87
Augenzeugen · 26, 80, 86
Ausrottung · 30
Autor · 15, 36, 57, 70, 76, 85
Autorenschaft · 62, 74

Bar Kochbar · 107
Baruch · 29, 38, 39, 67, 102
Beistand · 52
Bericht · 26, 48, 86
Bibel, jüdische · 34, 35, 39, 46, 47, 54, 94, 96
Bibel, katholische · 24, 65
Bibel, protestantische · 24
Bibelausgaben · 19, 23, 28, 86, 103
Bibelhandschrift · 42
Bibellektüre · 20
Bibelstelle · 23
Bibelübersetzungen · 9, 25
Bibelverständnis · 16
Bilder · 16, 19, 30, 32, 52, 64
Bildsprache · 16
Bittpsalmen · 59
Brief · 5, 66, 67, 68, 69, 70, 71, 72, 73, 74, 75, 76, 77, 80, 103
Briefe · 5, 14, 21, 64, 65, 67, 69, 70, 72, 73, 74, 75, 80, 96
Briefkopf · 70
Briefkorpus · 70
Briefschluss · 70
Buch · 5, 7, 9, 10, 16, 19, 21, 22, 24, 26, 32, 40, 43, 44, 46, 47, 50, 52, 55, 56, 59, 62, 67, 68, 73, 84, 86, 89, 90, 95, 100, 102, 103
Buch der Bücher · 7, 21
Buchauswahl · 35
Buchdruck · 42
Bücherei · 21
Büchersammlung · 7, 21, 22
Buchgruppen · 34
Bund · 47, 98

Christen · 10, 13, 14, 17, 33, 34, 38, 57, 65, 90, 96
Christentum · 21, 27, 95, 97, 107
Christologie · 62
Chronik · 36, 38, 54, 55, 103, 106
Codex Alexandrinus · 43
Codex Leningradiensis · 42
Codex Sinaiticus · 42
Codex Vaticanus · 42
Daniel · 27, 35, 36, 38, 102, 107
Dankpsalmen · 59
Datierung · 40, 57
David · 51, 54, 57, 104
Demas · 70
Demut · 44, 45
Deportation · 104
Deuteronomium · 36, 38, 47, 102, 104
Dialekte · 19
Diaspora · 62, 76
Dichtung · 36
Dokumente · 13
Drohbriefe · 67

Ehre · 40, 41, 45
Einheitsübersetzung · 10, 28, 72, 75
Einzelpropheten · 50
Elija · 104
Empfehlungsbriefe · 69
Empfehlungsschreiben · 67
Endredaktion · 45
Engel · 40, 45, 89, 90
Entstehung · 15, 17, 20, 26, 59, 86, 98, 104, 108
Entstehungszeit · 15, 35, 40, 45
Entstehungszusammenhang · 16
Epaphras · 70
Epheser · 72
Ephesus · 71
Erde · 26, 46, 48, 58, 89, 92
Erinnerungen · 12, 13
Ermahnungen · 69, 70
Erstes Testament · 98
Erzählungen · 12
Esra · 29, 36, 38, 102, 106
Ester · 36, 38, 102, 106

Eucharistie · 83, 84
Evangelisten · 37, 80
Evangelium · 5, 27, 69, 71, 78, 79, 84, 85, 86, 87, 90, 94, 103, 108
Exegese · 80
Exil · 36, 67, 68
Exodus · 36, 38, 47, 102
Ezechiel · 36, 38, 52, 102, 104

Familienbriefe · 69
Festrollen · 36
Freundschaftsbriefe · 69
Fürbitten · 50

Gaius · 65
Galater · 72, 103
Galiläa · 78, 85, 94
Gattungsbezeichnung · 78
Gebrauchsanweisungen · 9
Gedichte · 21
Gefühle · 32, 58
Gemeinde · 13, 14, 63, 65, 66, 67, 68, 73, 76, 77, 87, 89, 90, 91, 96
Genealogie · 54
Generation · 7, 13
Genesis · 36, 38, 47, 48, 102
Geographie · 54
Gerechtigkeit · 33, 59
Gerichtsverkündigung · 52
Geschichte · 5, 13, 20, 26, 36, 38, 39, 47, 54, 55, 57, 67, 97, 108
Geschichtsbücher · 36, 72
Gesetz · 21, 35, 36, 46, 47, 68, 76, 95
Gesetzestexte · 21
Glauben · 13, 53, 62, 65, 69, 75, 76, 81, 84, 87, 97
Glaubensbuch · 19
Glaubenserinnerungen · 13
Glaubenszeugnis · 15
Gleichnisrede · 93
Glück · 44
Gott · 29, 30, 40, 41, 45, 46, 47, 49, 52, 54, 55, 56, 57, 58, 59, 64, 67, 68, 69, 75, 79, 89, 90
Gottesdienst · 17, 35
Gottesherrschaft · 13, 90
Gotteslob · 57
Gottesnamen · 47
Gottesvolk · 76
Götzen · 49
Griechisch · 29, 62
Grüßen · 70
Gutenberg · 42

Habakuk · 36, 38, 103, 104
Haggai · 36, 38, 103, 106
Handschriften · 42, 43, 73
Handwerk · 45
Hebräer · 66, 103
Hebräerbrief · 40, 73, 98, 107
Hebräisch · 29
Heiden · 14, 87
Heidenchristen · 87
Heilige Schrift · 13, 38, 96
Heilsgeschichte · 39
Heilsverkündigung · 52
Heilswirken · 55, 58
Herausgeber · 24
Herodes · 13, 107
Himmel · 20, 46, 48, 86
Himmelreich · 34
Historie · 36
Hochmut · 44
Hoffart · 44
Hofpropheten · 47
Hoheslied · 36, 38, 106
Holzkassette · 42
Hosea · 36, 38, 103, 104
Hymnen · 59

Idealbild · 57
Ijob · 36, 38, 39, 62, 102, 106
Informationen · 14, 65
Informationsgesellschaft · 26
Internet · 26
Irenäus · 86
Israel · 12, 34, 45, 47, 52, 105, 106

Jahwe · 104
Jakob · 47
Jakobus · 73, 75, 76, 87, 103
Jeremia · 36, 38, 54, 102, 104
Jerusalem · 42, 50, 52, 54, 55, 67, 68, 85, 90, 94, 105, 106, 107
Jesaja · 36, 38, 39, 50, 95, 102, 105, 106
Jesu · 14, 16, 64, 69, 70, 75, 79, 80, 83, 85, 87, 89, 94, 106
Jesus Christus · 64, 69, 75, 78, 79, 89
Jesus Sirach · 29, 34, 37, 38, 39, 102, 107
Jesusüberlieferungen · 62
JHWH · 50
Joel · 36, 38, 50, 103
Johannes · 5, 34, 42, 72, 73, 78, 84, 85, 87, 89, 90, 103, 107
Jona · 36, 38, 56, 103
Jordan · 14
Josef · 14, 28
Josephus · 106
Josua · 36, 38, 102
Juda · 54, 67, 104, 105
Judas · 58, 73, 103
Juden · 14, 33, 34, 57, 67, 68
Judenchristen · 87
Judentum · 27, 38, 56, 76, 95, 97, 107
Judit · 29, 102, 107
Jünger · 14, 80, 84, 85

Kafarnaum · 94

Kairoer Prophetenkodex · 42
Kaiserverehrung · 78
Kanon · 14, 38, 39, 107
Kanonisierung · 35, 96, 107
Kapitel · 9, 23, 43, 48, 52, 53, 55, 62, 68, 87, 88
Kapiteln · 5, 23, 52, 90
Kardinaltugend · 45
Katastrophen · 50
Katharinenkloster · 43
Kehle · 29, 30, 58, 59
Ketubim · 36, 39
Kindergarten · 17
Kindheitsgeschichten · 84
Kirche · 38, 64, 65, 86, 96, 97, 108
Kirchen · 7, 17, 97
Kirchenbild · 90
Klagelieder · 36, 38, 56, 58, 102
Klagepsalmen · 59
Kodex · 41, 43
Kodex von Aleppo · 42
Kohelet · 36, 38, 63, 102, 106
Kolossä · 71
Kolosser · 72, 103
Kommentaren · 10, 12
Kommunikationsweg · 14
König · 14, 23, 28, 54, 57, 67, 105, 106
Könige · 36, 38, 54, 89, 102
Konsequenzen · 25, 62
Kopie · 31, 42, 83
Korinther · 72, 103
Körpersymbolik · 30, 108
Kultpropheten · 50
Kultur · 14, 15, 28
Kyrus · 54, 106

Langton, Stephan · 23
Laubhüttenfest · 35
Lazerus · 32, 33
Lebenskraft · 30
Lehre · 14, 26, 35, 86
Lehrerzählungen · 62
Levitikus · 30, 36, 38, 47, 102
Lexikon · 44
Lieder · 21, 56, 104
Literatur · 55, 62, 104, 108
Liturgie · 14, 27, 95
Lohfink, Norbert · 21, 108
Lukanisches-Doppelwerk · 88
Lukas · 17, 27, 62, 70, 72, 82, 83, 84, 86, 88, 103
Lutherbibel · 72
LXX · 38, 39

Macht · 28, 45, 75, 89
Makkabäerbuch · 21
Maleachi · 36, 38, 103
Markion · 96
Markus · 5, 70, 72, 78, 79, 80, 82, 83, 103
Martyrium · 50, 106
Matthäus · 72, 82, 83, 84, 103
Meditationsbuch · 57
Mensch · 14, 23, 29, 44, 45, 46, 51, 59, 69, 75
Micha · 36, 38, 103, 104
Missionsgeschichte · 86
Mitteilungen · 26, 70
Mose · 34, 41, 46, 102, 104

Nachrichten · 14, 26
Nahum · 36, 38, 103, 104
Nathan, Isaak · 23
Natur · 15, 50
Nazaret · 13
Nebiim · 36
Nehemia · 33, 38, 106
Neid · 45
Neues Testament · 13, 21, 26, 34, 107
Niederschrift · 28
Ninive · 104
Nordreich · 104
Not · 52, 53, 56, 65
Novelle · 36, 62
Numeri · 36, 38, 47, 102
Nummerierung · 25

Obadja · 36, 38, 103
Offenbarung · 6, 73, 89, 90, 103, 107
Offenbarungszelt · 47
Orakel · 52
Ordenspropheten · 49
Organ · 30
Orientierung · 7
Originale · 40
Osterereignis · 14
Österreichischen National-bibliothek · 41
Ostjordanland · 47

Pagnini, Santes · 23
Palästina · 106, 107
Papyrusfragment · 40
Papyrusstücke · 43
Paulus · 62, 65, 69, 70, 72, 73, 74, 87, 106
Paulusbriefe · 5, 72, 73, 87
Pentateuch · 5, 36, 38, 39, 43, 46, 47, 48
Pergamentblätter · 42
Pergamentstreifen · 47
Persien · 54
Person · 14, 30, 75
Pesach · 35
Petrus · 73, 87, 106
Philemon · 69, 70, 73, 103
Philipper · 72, 103
Pontius Pilatus · 106
Postskipt · 71
Präskript · 71, 90
Priestern · 50, 89
Propheten · 35, 36, 42, 49, 50, 52, 53, 67, 95
Prophetenworte · 50

Prophetie · 38, 39, 50
Psalmen · 5, 23, 25, 36, 38, 39, 56, 57, 58, 102
Ptolemäer · 106
Purim · 35

Quellen · 9, 78, 87
Qumranfragment · 56

Rechtssätze · 104
Redaktionsverfahren · 20
Redensart · 32, 44, 52, 58
Reformation · 38, 39
Reich Gottes · 14, 84, 86
Reihenfolge · 5, 13, 37, 72, 103
Richter · 36, 38, 102
Rolle · 43, 47
Rollen · 35
Rom · 42, 64, 87, 106, 107
Roman · 62
Römer · 72, 103, 107
Rundbriefe · 64
Rut · 36, 38, 102, 106

Sabbat · 30, 35, 94
Sacharja · 36, 38, 106
Salomon · 44, 54, 62
Samaria · 104
Samuel · 36, 38, 102
Satz · 16, 28, 29, 31
Sätze · 23
Schreibfehler · 42
Schriftkanons · 39
Schrift-Propheten · 50
Schriftreligion · 27
Schule · 17
Seele · 29, 30, 65
Selbstüberschätzung · 45
Seleukiden · 107
Septuaginta · 40, 54, 56, 87, 98
Shoa · 68
Siedlungsgebieten · 54
Sinai · 43, 47, 98
Sitten · 15
Sondergut · 82, 83
Sprache · 16, 19, 28, 29, 32, 45, 69, 77
Sprichwörter · 36, 38, 102
Sprüche Salomons · 44, 102
Spruchsammlung · 44
Stämme · 47, 65, 75, 76
Stämmegesellschaft · 45, 104
Stammfolgen · 54
Steinbruch · 94
Synagoge · 94
Synagogen · 35, 94
Synagogengottesdienst · 46
Synopse · 80, 81
Synoptikern · 83, 85
Szenen · 13

Tanach · 35, 37, 38, 39
Tanak · 35
Tempel · 50, 54, 55, 94, 105
Tempelerbauer · 54
Tempelgründer · 54
Tempelzerstörung · 35
Texte · 10, 14, 15, 19, 21, 25, 34, 39, 42, 65, 73, 78, 89, 94, 95, 100
Textfassungen · 39
Textsammlung · 19, 35
Textumfang · 34
Theologie · 44, 62, 84
Theophilus · 26, 86
Thessalonicher · 72, 73, 103
Thomas von Aquin · 45
Timotheus · 64, 65, 69, 73, 103
Titus · 64, 65, 73, 103
Tobit · 29, 38, 39, 102, 106
Tod · 14, 40, 47, 87
Tora · 13, 36, 38, 39, 46, 95, 106
Tora-Lesung · 35
Tradition · 14, 27, 56, 85, 95, 96
Überlieferung · 13, 26, 27, 86
Überschriften · 5, 23, 24, 55, 56
Übersetzer · 18, 24, 28, 29, 30
Übersetzung · 15, 19, 28, 29, 30, 31, 40, 41, 80, 98, 102
Universitäten · 23
Unterschiede · 10, 24, 31, 34, 48, 66, 68, 74, 75, 80, 82, 83, 85
Unterstützungen · 67
Urgemeinde · 76, 108
Urlaubsvideo · 5, 12, 13, 15
Ursünde · 45

Verfasser · 14, 15, 76, 80, 85, 86, 88
Verkündigung · 14, 58, 108
Versen · 5, 23, 44, 55, 82
Viehzucht · 45
Vision · 36, 90
Vollkommenheit · 90
Vorauswahl · 12

Weihnachtsgeschichte · 17, 84
Weisheit · 5, 29, 34, 38, 39, 44, 49, 61, 62, 102, 106
Weisheitsliteratur · 36, 61
Weissagung · 49
Weisung · 35, 46
Weltbild · 15
Wissen · 7, 15, 29, 61
Wochenfest · 35
Wortlaut · 67, 82, 97
Wunder · 84, 108
Wünschen · 71

Zefania · 36, 103
Zenger, Erich · 7, 96, 97, 108
Zeugen · 87